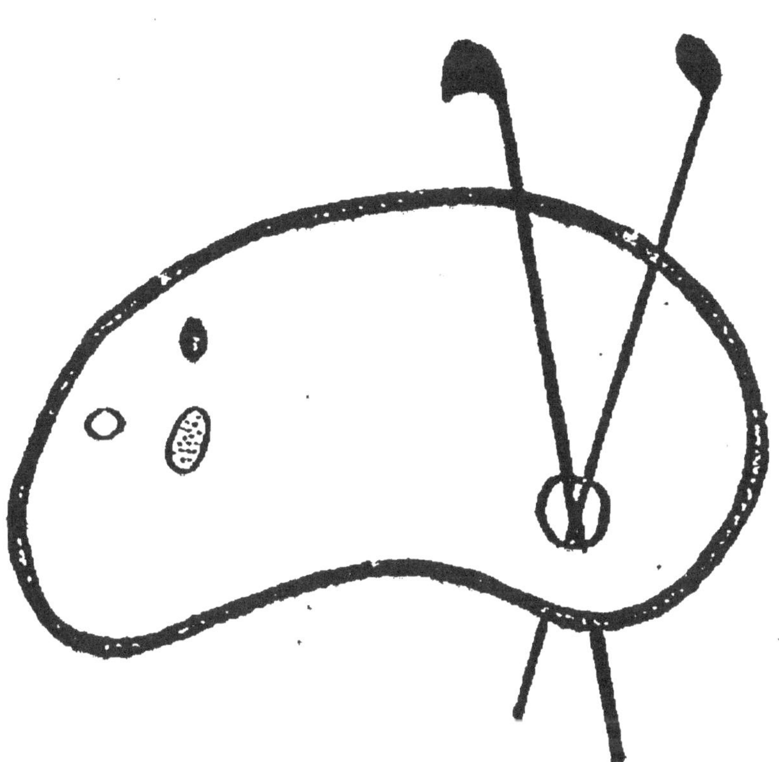

DEBUT D'UNE SERIE DE DOCUMENTS
EN COULEUR

Couverture inférieure manquante

# QUESTIONS
# D'HIER ET D'AUJOURD'HUI

Le Réformisme Bourgeois
Les Syndicats et le Parti Socialiste. — L'Antimilitarisme
et la Guerre
La Question Agraire. — La Coopération

AVANT-PROPOS
DE
COMPÈRE-MOREL

PARIS (V<sup>e</sup>)

V. GIARD & E. BRIÈRE
LIBRAIRES-ÉDITEURS
16, Rue Soufflot et 12, rue Toullier

1911

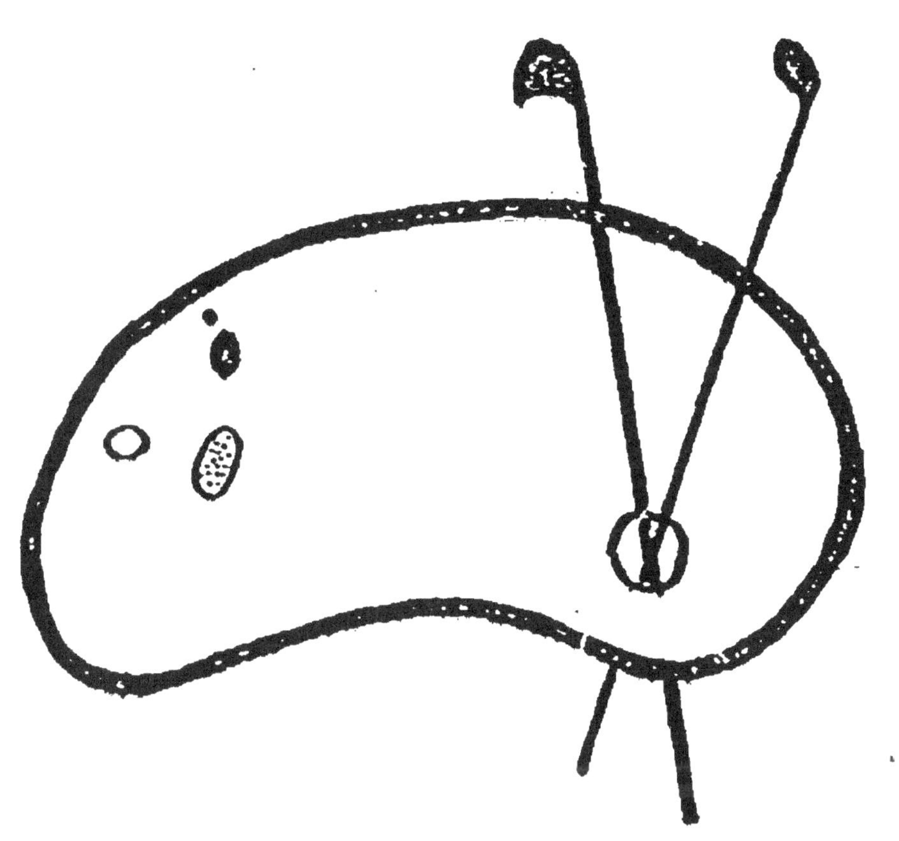

FIN D'UNE SERIE DE DOCUMENTS
EN COULEUR

# QUESTIONS
## D'HIER ET D'AUJOURD'HUI

Jules **GUESDE**

# QUESTIONS
# D'HIER ET D'AUJOURD'HUI

Le Réformisme Bourgeois
Les Syndicats et le Parti Socialiste. — L'Antimilitarisme
et la Guerre
La Question Agraire. — La Coopération

AVANT-PROPOS

DE

COMPÈRE-MOREL

PARIS (V⁰)

V. GIARD & E. BRIÈRE

LIBRAIRES-ÉDITEURS

16, Rue Soufflot et 12, rue Toullier

1911

# AVANT-PROPOS

*Au moment où on se plaît tant à dénaturer la pensée socialiste, où l'on se fait un malin plaisir de déformer nos doctrines et de caricaturer nos théories, nous avons cru qu'il était opportun de réunir et de publier les éloquents et instructifs discours prononcés par notre ami Jules Guesde aux Congrès nationaux de Limoges(1906), Nancy (1907), Saint-Étienne (1909) et Paris (1910), sur le Syndicalisme, l'Anti-Patriotisme, la Question agraire et la Coopération.*

*Trop souvent, lorsque l'on expose ces questions dans les milieux ouvriers ou paysans qui nous ignorent, on abuse de la confiance du monde du travail pour le tromper et le duper.*

*Mais comme nous nous sommes toujours refusé de prendre à notre compte des conceptions qui sont à l'opposé des nôtres, comme nous ne voulons pas que l'action de notre parti soit mêlée et confondue avec des actions à côté, qui n'ont rien de socialiste, nous obligeant ainsi à supporter des responsabilités que nous n'avons en rien encourues, il est nécessaire de l'affirmer le plus hautement possible et de le proclamer par les plus puissants moyens à notre disposition.*

*De là, notre résolution de publier ce petit opuscule, dont l'utilité se faisait si impérieusement sentir, et que nous voudrions voir dans toutes les mains: aussi* bien dans celles de nos camarades que dans celles de nos adversaires, persuadé qu'ils en feront tous leur profit.

Du reste, Guesde a ceci de particulier, c'est que s'il est toujours lui-même : aussi précis et aussi net, soit qu'il parle, soit qu'il écrive, il a encore en plus cet avantage, c'est que ses discours ne perdent pas plus à être lus qu'à être entendus. Chose assez rare par le temps qui court !

La phrase alerte et vive, concise et claire, rend sa pensée avec une caractéristique et particulière netteté faisant saisir sans difficulté et comprendre sans effort les exposés les plus arides et les plus ardus.

Qu'il traite du syndicalisme, de sa valeur propre, c'est-à-dire de ce que l'on peut en retirer et de ce qu'il ne pourra jamais donner ; qu'avec sa logique naturelle il réfute et rétorque les sophismes si simples, si naïfs et par cela si attrayants des néo-anti-patriotes ; qu'en pleine possession de toute la doctrine marxiste, il analyse avec un soin minutieux quelle doit être notre attitude vis-à-vis de la paysannerie française et nous mettre en garde contre tout ce qui pourrait gêner notre recrutement chez les ruraux ; qu'il nous signale tous les dangers de la coopération envisagée comme une institution ayant une valeur socialiste en elle-même et considérée comme l'embryon de la société de demain, Guesde, puissant dialecticien au jugement ferme et lucide, qui voit juste et loin, apporte toujours d'indiscutables arguments étayés par de fortes raisons dont il tire de lumineuses et concluantes déductions.

Aussi, suis-je heureux de présenter au public cette bonne et substantielle brochure, que personne ne feuillettera inutilement, et dont la lecture éclairera bien des cerveaux et éveillera bien des consciences.

COMPÈRE-MOREL

# QUESTIONS
# D'HIER ET D'AUJOURD'HUI

## LE RÉFORMISME BOURGEOIS[1]

Jules Guesde. — Quelques mots seulement. Moi aussi, comme Jaurès, comme tout le parti socialiste, car nous sommes unanimes sur ce point et sur les autres, je ne crains pas la réalisation des réformes inscrites au programme radical. Je dis que le devoir du parti socialiste, un de ses devoirs dans la Chambre, est de mettre en demeure cette dernière fraction de la bourgeoisie, aujourd'hui maîtresse de la République, de tenir la parole qu'elle a donnée aux travailleurs depuis un certain nombre d'années. Je ne crains pas les réformes réalisées, parce que ces réformes, comme le disait Jaurès et comme le disait Sembat, c'est autant d'armes nouvelles qui vont s'ajouter à l'arsenal dont dispose déjà le prolétariat en bataille. Des réformes, donnez-nous-en; nous n'avons pas cessé d'en réclamer depuis que s'est constituée la France ouvrière en parti de classe. Mais plus nous vous en avons demandé et moins vous nous en avez accordé. Loin de redouter les réformes nous pousserons et nous devons pousser à leur accomplissement. Nous devons y pousser,

[1]. Au banquet du Parti, juin 1906. Extrait de l'*Humanité*.

non seulement parce qu'elles sont des moyens de lutte nouveaux s'ajoutant aux moyens de lutte d'aujourd'hui, mais parce que plus tôt ces réformes seront devenues des réalités et plus tôt s'ouvrira la faillite du programme radical. (*Applaudissements.*) Parce qu'au bout de ces réformes jetées à pleines mains, de ces réformes devenues vivantes il y aura le prolétariat, le même prolétariat, également écrasé, exploité, volé, assassiné et qu'il se rendra compte alors, non plus dans une minorité consciente, mais dans sa majorité obligée, de s'incliner devant la leçon des faits, qu'il n'y a qu'une solution unique au problème unique de la misère et de la servitude du travail : c'est l'expropriation de la classe capitaliste. (*Applaudissements.*) et l'appropriation sociale des moyens de production.

Mais si nous pouvons considérer comme une victoire cette faillite du programme radical, résultant du fait même que le parti radical n'aura pas fait faillite à son programme, nous avons le droit d'envisager une autre forme de faillite qui est, sinon une nécessité, au moins une possibilité, j'allais dire une probabilité : je veux parler du parti radical, devenu le gérant de la classe et des intérêts capitalistes, et comme tel devenu incapable, malgré la majorité qu'il possède au Parlement, de mettre sur le chantier ses propres projets de réformes. Et il ne ferait, dans ce cas, que ce qu'ont fait avant lui les autres partis politiques bourgeois, lorsque, de minorité, ils sont devenus majorité, et lorsque, de l'opposition, ils sont passés au gouvernement.

Je me rappelle — car je suis de ceux qui, avec Allemane, ont lutté contre l'Empire au nom de la République tout court — je me rappelle qu'à ce moment-là il y avait un parti républicain avec Jules Ferry, avec Jules Simon, et d'autres qui arborait un programme de « destructions nécessaires ». A détruire, le budget des cultes ! A détruire, l'armée permanente ! Et Gambetta y ajoutait : la suppression de tous les privilèges et de tous les monopoles, qu'il appelait des « primes à l'oisiveté ». Or, de ces promesses, dont on avait besoin pour mettre le peuple de son côté, qu'est-il resté, lorsque la bourgeoisie républicaine a été portée au pouvoir par une Révolution populaire ? Qu'a fait la République succédant à l'Empire, du programme de Belleville de Gambetta, du programme de Jules Ferry? J'emploierai une expression banale : on s'est simplement « assis dessus ». (*Applaudissements.*)

Est-ce à dire que j'accuse les Jules Ferry, les Jules Simon ou les Gambetta d'avoir sciemment et volontairement laissé protester leur parole ? Nullement. Nous n'accusons jamais les hommes, nous autres ; mais nous disons que, prisonniers de leur classe, les réformateurs bourgeois ne s'appartiennent pas, qu'ils peuvent voir et signaler les transformations possibles théoriquement, mais que, aussitôt le gouvernement en main, ils ne peuvent pas agir, parce que les intérêts de la bourgeoisie qu'ils représentent et dont ils ont la garde, se dressent comme une barrière infranchissable contre toute marche en avant. (*Applaudissements.*)

Et alors, en homme d'expérience, pour qui le passé existe et ne peut pas ne pas découvrir, en partie du moins, l'avenir, j'ai le droit et le devoir d'admettre, abouti· comme une éventualité, que les radicaux d'aujourd'hui ront à la même banqueroute frauduleuse que les républicains de la fin de l'Empire.

Ce n'est d'ailleurs pas seulement l'expérience de 1868-1884 qui me permet une pareille hypothèse : c'est la réalité présente. Est-ce que, depuis que le radicalisme est en hausse, depuis qu'il est plus ou moins au gouvernement, en attendant d'y être complètement, est-ce que les prolétaires, en général, est-ce que les organisations syndicales, est-ce que les travailleurs en grève ont constaté une détente dans l'hostilité dont ils étaient l'objet sous Dupuy ou sous Méline ? Allons donc ! Jamais on n'a usé et abusé, comme depuis cette époque, contre la classe ouvrière des puissances de·compression, policière, militaire et judiciaire ; jamais les lois scélérates n'ont été plus fréquemment appliquées ; jamais, d'autre part, au point de vue extérieur, on n'a fait le « jeu de la réaction » avec un cynisme plus révoltant. (*Approbation.*) Tout à l'heure, le délégué du parti socialiste révolutionnaire russe nous a dit l'œuvre épouvantable à laquelle on avait associé la République, qu'on avait osé commettre au nom de la République, au nom du pays de la Révolution. Il y avait là-bas, en Russie, un peuple debout, convoqué légalement par la volonté du souverain dans une Assemblée, incomplète sans doute, mais première ébauche d'une représentation nationale ; et alors que le peuple russe se servait de cet instrument insuffisant pour sa libération au moins partielle, contre lui, pour en finir avec lui, le tsarisme aux abois a fait appel, non pas comme la monarchie française le l'ancien régime aux armées de l'Europe coalisée, mais aux capitaux complices de l'Europe monarchique et bourgeoise. Et qui a, des premiers et plus abondamment répondu, en envoyant des centaines de millions au service de la pire des réactions ? Ça été le parti radical, le gouvernement des Sarrien, des Clemenceau, des Briand (*Vifs applaudissements*)... intervenant à coups d'argent contre le 1789 russe, comme l'Europe féodale intervenait à coups de fusil et de canon contre le 1789 français, il y a un siècle. Et tout cela, pourquoi ? Non pas par amour pour la réaction, mais parce que le monde de la finance domine le parti radical comme tous les autres partis bourgeois, et que la République bourgeoise, quelle qu'elle soit, devra subir la loi capitaliste, tant qu'elle ne sera pas devenue la République ouvrière et sociale.

Pour faire chanter la République radicale des Clémenceau et des Sarrien, pour l'amener à envoyer un milliard et demi à Saint-Pétersbourg au profit et pour le sauvetage du tsarisme, il a suffi de menacer nos gouvernants de la suspension des intérêts, des arrérages des anciens emprunts russes contractés en France : et pour ne pas mettre contre lui les porteurs français de fonds russes pour plus de 10 milliards, le radicalisme gouvernemental a dû se faire le pire agent de la réaction moscovite.

Eh bien ! ce qui se passe ainsi depuis quelques mois, tant au point de vue international qu'au point de vue national, me permet et me commande de croire qu'on ne s'arrêtera pas dans cette voie réactionnaire, qu'on deviendra de plus en plus un gouvernement de résistance, remplaçant les réformes par des violences : et ce sera alors, comme je l'ai dit, pour nos radicaux la banqueroute frauduleuse, non plus de leur programme épuisé, mais de leur programme déchiré. (*Applaudissements.*)

Un autre symptôme de cette banqueroute, c'est la colère du parti radical, de la majorité radicale, à l'idée que le parti socialiste ne consentira plus à monter sur sa galère... Comment! voilà un parti maître du gouvernement, à qui les dernières élections ont donné une telle majorité parlementaire qu'il peut se passer de tous les concours, de celui de la droite, comme de celui de l'extrême-gauche... et au lieu de se mettre immédiatement à l'œuvre, il s'en prend au parti socialiste. En vain avons-nous affirmé dans notre unité constitutive que nous entendions rester nous-mêmes ; en vain, au 6 mai, avons-nous engagé la lutte contre tous les partis bourgeois, depuis le plus rouge jusqu'au plus blanc... (*Rires.*) Sans tenir compte de ces faits, il prétend nous faire entrer de force dans sa majorité gouvernementale, nous accusant de trahison envers la République, de manquer au devoir républicain, parce que nous refusons de prendre du service dans ses rangs, de nous atteler à sa politique... Je dis que cette façon de se raccrocher au parti socialiste dénote, de la part du parti radical, la conscience de son prochain naufrage. Il ne voudrait pas se noyer seul, et pour cela, il nous appelle dans son bateau qui fait eau, qui va couler... Non, messieurs les radicaux, vous ferez naufrage sans nous ! (*Vifs applaudissements.*)

# LES SYNDICATS
# ET LE PARTI SOCIALISTE[1]

Jules Guesde aurait été heureux de renoncer à la parole si la confusion et le malentendu que la Fédération du Nord voulait faire disparaître par sa proposition[2] avaient été dissipés par les camarades qui l'ont précédé. La proposition du Nord, en effet, déclarait que le désaccord qui existait et qui menaçait de s'aggraver entre l'organisation corporative et l'organisation politique de

1. Congrès national de Limoges (1906), extrait du compte rendu analytique.

2. *De l'Organisation corporative des travailleurs (Syndicalisme)*. — Le *but* premier et essentiel des syndicats est d'arracher les travailleurs à leur impuissance individuelle, et, en les groupant par profession ou métier, non seulement localement, mais nationalement et internationalement, de leur permettre d'obtenir les meilleures conditions de travail et de vie (salaires accrus, journée de travail réduite, etc., etc.).

C'est *contre les patrons ou employeurs* qu'ils s'organisent et sont dirigés.

Leur *moyen* d'action est le refus collectif du travail ou la grève.

Et, pour que la grève aboutisse, pour que l'organisation corporative ou syndicale atteigne son but, il faut qu'elle embrasse le plus grand nombre, voire la totalité des membres de la corporation.

Aucune condition, par suite, ne saurait être mise au recrutement syndical, toute condition, de quelque nature qu'elle soit, ne pouvant que maintenir hors du syndicat professionnel une partie des *exerçant la même profession* ou entraîner, dans la même profession, la constitution de syndicats concurrents ou adverses.

L'unité corporative (qui interdit les syndicats *rouges*, à peine de syndicats *jaunes*) s'impose tellement à la tâche particulière de l'organisation professionnelle, que, pour arriver à cette unité, en Suisse, on est allé jusqu'à vouloir rendre *obligatoire* le syndicat pour tous les ouvriers du même métier, et qu'en Angleterre, pour ne laisser aucun ouvrier en dehors de sa *trade-union*, les *trades-unions* ont créé dans leur sein tout un

la même classe prolétarienne reposait sur ce fait. que l'action corporative et l'action politique n'avaient pas été suffisamment définies.

Or, de cette longue discussion, loin qu'une définition soit sortie, elle paraît plutôt s'être éloignée. Les conceptions sont tellement contradictoires qu'on ne voit pas comment les délégués, venus avec le mandat de ne pas laisser diviser la classe ouvrière, trouveraient sous quelle forme ils doivent l'affirmer.

On a attaché à la conclusion de la Fédération du Nord une importance qu'elle n'avait pas, puisque la Fédération elle-même s'était déclarée prête à accepter tout autre moyen d'amener l'entente. Malgré cela, pas un des ora-

système de mutualités (contre la maladie, contre le chômage, etc.), destinées à intéresser et à rallier la totalité des membres de la profession.

Depuis qu'il existe une législation dite protectrice du travail, les syndicats ont encore un autre rôle : c'est, par la puisssance de l'organisation ouvrière, au moyen de la grève ou de sa menace, d'obliger les patrons à respecter des lois dépourvues en général de toute sanction.

Nous ajoutons — non plus comme *but* présent de l'organisation corporative, mais comme *effet à venir* — que plus la révolution sociale prochaine trouvera une classe ouvrière puissamment constituée par métier et habituée ainsi à l'action commune, plus il sera facile de passer, sans choc et sans désordre, de la production capitaliste à la production socialiste.

En somme, bien qu'elle soit une des formes — et nécessaire — de la lutte de classe, l'action syndicale ou corporative s'exerce dans les limites du système capitaliste ou du patronat, que les grèves les plus victorieuses laissent subsister. Elle est, par suite, et ne peut être que *réformiste*, dans le bon sens du mot, même quand elle s'accompagne de violence et a recours à la force.

*De l'Organisation politique des travailleurs (Socialisme).* — L'organisation politique des travailleurs en parti socialiste, implique de la part de ceux-ci la double conviction :

1° Que l'émancipation du travail est subordonnée à l'appropriation sociale des moyens de production et d'échange ;

2° Que cette appropriation, qui exige l'expropriation de la classe capitaliste, est elle-même subordonnée à la conquête, par la classe ouvrière organisée, du pouvoir politique, instrument indispensable d'une pareille transformation de la propriété.

S'emparer, pour leur classe, du pouvoir politique ou de l'État qui leur permettra de restituer à la société les moyens de production et d'échange repris à leurs détenteurs de plus en plus oisifs d'aujourd'hui, tel est le but des prolétaires constitués en parti politique de classe.

C'est *contre l'État bourgeois* qu'est dirigée leur action politique, et

teurs n'a manqué à l'attaquer, à la dénoncer spécialement comme une menace de retrait des syndicats, de division dans la Confédération Générale du Travail. On a cru ou feint de croire que si, devant un refus — dont la Fédération du Nord ne pouvait pas prendre la responsabilité — d'établir entre la Confédération et le parti des ententes momentanées ou un accord permanent, la Fédération du Nord parlait de s'adresser directement aux organismes syndicaux de régions, elle entendait par là demander à ces syndicats de sortir de la Confédération du Travail. Alors que, au contraire, le Nord voyait là un moyen d'amener à la Confédération des syndicats qui n'y sont pas encore entrés. Ainsi, on renversait du tout au tout la

leurs *moyens* sont ceux des bourgeois eux-mêmes lorsqu'à travers la monarchie de l'ancien régime, ils poursuivaient la destruction de l'ancien régime lui-même :

Le *bulletin de vote* qui transformait les États Généraux en Constituante ;

L'*insurrection*, qui rasait la Bastille et vidait les Tuileries.

Mais qu'elle s'exerce par voie de suffrage contre les divers tenants du régime capitaliste, chassés légalement du gouvernement, ou qu'elle opère insurrectionnellement, l'action politique du socialisme est *essentiellement révolutionnaire*, puisqu'elle tend à l'expropriation politique et économique de la classe ennemie.

Nous ajoutons qu'en attendant d'être assez nombreux et assez forts pour cette double expropriation, c'est contre l'État que les travailleurs socialistes exercent et doivent exercer leur action, pour lui arracher sous le nom de réformes, plus de liberté, de nouveaux moyens de lutte pour leur classe.

*Nécessité de rapports entre les deux organismes.* — Le rôle du syndicalisme et du socialisme ainsi défini par leur nature même, qui ne voit que, si distincts que soient leur but et leurs moyens, si impossible qu'il soit de confondre leur action propre, les circonstances sont nombreuses qui font plus que permettre, qui exigent une combinaison d'efforts et de forces ?

S'agit-il de la journée de huit heures ? Comment nier qu'en même temps qu'ils vont mettre en demeure les patrons de réduire les travaux forcés ouvriers, au moyen de leur puissance syndicale, les travailleurs ont intérêt à user de leur puissance politique pour faire intervenir la loi dans le même sens, à l'appui d'une revendication qui, si elle est *réformiste* — en ce sens qu'elle peut faire hausser les salaires — est *révolutionnaire* dans cet autre sens qu'avec des loisirs elle augmentera la force de volonté et d'action du prolétariat !

S'agit-il de l'extension du droit syndical aux employés et agents de l'État (instituteurs, postiers, etc.) ? Comment contester que l'action élec-

pensée maîtresse de notre Fédération. Elle qu'on représentait comme tendant à briser l'action syndicale, a toujours été, en réalité, la première et la plus active à la mener.

A titre d'hypothèse, la Fédération du Nord prévoyait un refus possible. Dans ce cas, que faire ? Elle disait alors : l'unité de l'action ouvrière étant indispensable, si, après avoir essayé de la faire par en haut avec la Confédération générale du Travail, nous constatons qu'on ne veut pas la permettre, nous serons obligés de nous adresser aux syndicats locaux, pour réaliser cette entente, sans les couper, bien loin de là, d'avec la Confédération.

torale du socialisme, en mettant hors de la Chambre le plus grand nombre possible de députés bourgeois hostiles à cette réforme, ne peut que faciliter et assurer la victoire des petits fonctionnaires qui ont pris, en attendant qu'on le leur donne, le droit de se syndiquer ?

Comment ne pas se rendre compte, d'autre part, que, selon la résolution du Congrès national de Lille (P. S. D. F., 1904), au sujet de la grève générale, si le monde syndical et le parti socialiste sont d'accord, d'une grève plus ou moins généralisée pourra surgir un véritable mouvement révolutionnaire emportant le gouvernement bourgeois ?...

*Conclusion.* — Considérant :

Que c'est la même classe, le même prolétariat qui s'organise et agit, qui *doit* s'organiser et agir, en syndicats ici, sur le terrain corporatif ; en parti socialiste là, sur le terrain politique ;

Que si ces deux modes d'organisation et d'action de la même classe ne sauraient être confondus, distincts qu'ils sont et doivent rester de but et de moyens, ils ne sauraient s'ignorer, s'éviter, à plus forte raison *s'opposer*, sans diviser mortellement le prolétariat contre lui-même et le rendre incapable d'affranchissement ;

La Fédération du Nord décide :

Il y a lieu de pourvoir à ce que, selon les circonstances, l'action syndicale et l'action politique des travailleurs puissent se concerter et se combiner.

A cet effet, la Confédération générale du Travail, devenue par l'afflux de tous les syndicats, la représentation totale des organisations corporatives françaises, sera invitée à s'entendre avec le conseil national du parti socialiste (Section française de l'Internationale ouvrière), soit sous forme de délégation permanente, soit par voie de délégation spéciale, au fur et à mesure des décisions à prendre.

En cas de refus de la Confédération du Travail, cette entente nécessaire devra être poursuivie soit localement, entre le ou les syndicats de chaque commune et la section du parti, soit départementalement, entre les syndicats fédérés de chaque département et la Fédération départementale du parti,

Dans le fait, cette union à réaliser localement est pratiquée, sinon partout, au moins sur quantité de points. Comment nier que dans presque tous les départements de pareilles ententes existent ou aient existé ? J'en prends à témoin Jaurès lui-même, qui dénonçait tout à l'heure la proposition du Nord comme un attentat ou comme une imprudence vis-à-vis de la Confédération Générale du Travail : est-ce qu'à Carmaux le syndicat des mineurs et la section du parti n'ont pas toujours et dans toutes circonstances unifié leur action? Pour soutenir le contraire il faudrait supprimer les faits. Or, dans sa demande, la Fédération du Nord n'allait pas au delà de cette pratique courante, universelle, qui s'est établie d'elle-même, heureusement pour le prolétariat.

J'arrive à la définition des deux actions telle qu'elle a été apportée par la Fédération du Nord. Sur ce point, des objections ont été faites, des attaques ont été dessinées. Elles se résument ainsi : on dit à la Fédération du Nord : mais l'action corporative telle que vous l'entendez est une action trop étroite, puisque vous la donnez comme purement réformiste. A quoi la Fédération du Nord répond que ce n'est pas elle qui détermine la nature de l'action syndicale : c'est l'action corporative elle-même qui se délimite par ses effets.

La Fédération constate simplement que dans le milieu capitaliste, l'action syndicale, qui se meut dans le cercle du patronat sans le briser, est forcément réformiste, dans le bon sens du mot. Pour améliorer les conditions des victimes de *l'ordre capitaliste*, elle ne touche pas à cet ordre. Toute la logomachie révolutionnaire ne peut rien contre ce fait. Même quand une grève est triomphante, au lendemain de la grève les salariés restent des salariés et l'exploitation capitaliste subsiste. C'est une nécessité, une fatalité que subit l'action syndicale. On ne la réduit pas en le constatant : elle se limite en réalité elle-même.

Le parti socialiste doit toujours la vérité aux travailleurs et il est de son devoir de ne pas leur laisser d'illusion sur ce point plus que sur tout autre : non, l'abolition du salariat n'est pas du ressort de l'organisation et de l'action corporatives.

D'ailleurs, après avoir, dans son exposé des motifs, rappelé — et non créé — le *réformisme obligatoire* des syndicats, la Fédération du Nord ne les a pas enfermés dans cette tâche que quelques-uns qualifient à tort de secondaire. Abordant l'avenir, elle a, au contraire, montré le grand rôle organique, sinon révolutionnaire, qu'auront à jouer dans la prochaine révolution les corporations organisées, pour le passage de la société capitaliste à la société collectiviste. Plus — a-t-elle fait remarquer — la révolution qui vient trouvera une classe ouvrière constituée par métier, plus il sera facile de passer de la production capitaliste à la production sociale.

Il est vrai que la Fédération du Nord n'a pas été au delà. Elle n'a pas laissé croire que la production sociale se confondrait avec la production corporative, qu'après la Révolution les corps de métier subsisteraient, reconstituant entre eux la lutte qui sévit aujourd'hui entre les capitalistes eux-mêmes. Dire autrement n'eût pas été seulement tromper le prolétariat, mais se prêter à un véritable attentat contre l'humanité affranchie.

Non, la production de l'avenir ne sera pas la production corporative, elle sera la production humaine, ainsi que le disait Jaurès lui-même aujourd'hui, alors qu'il nous reprochait de ne pas entretenir l'erreur commise par les syndicalistes.

Donc, de ce côté, les considérants sont intangibles, ce serait abuser volontairement les travailleurs que de leur donner le syndicalisme comme se suffisant à lui-même. L'action syndicale, c'est la lutte immédiate, de tous les instants, pour conquérir de meilleures conditions de travail et de vie et pour imposer au patronat le respect des trop rares lois ouvrières qui ont pu être arrachées à l'État bourgeois. En dehors de cette double action présente, en dehors de l'action prochaine qui sera de servir de pont entre la production capitaliste et la production sociale, il n'y a pas place pour une action théorique du syndicat. Dès que, quittant son terrain propre, il se mêle d'avoir un *credo*, le syndicat divise les ouvriers de la même profession au lieu de les réunir : il fait place à d'autres syndicats basés sur d'autres opinions ;

il entraîne le contre-syndicat. Au « rouge » fait suite le « jaune », alors que ce qu'il faut c'est l'unité corporative, tous les membres de la même profession réunis en une collectivité qui substitue la puissance du nombre et de l'organisation à l'impuissance individuelle.

Isolé, le prolétaire qui a faim, dont la femme et les enfants ont faim, ne peut que s'incliner, que subir le bon plaisir patronal.

Ce n'est qu'en se groupant avec les camarades du même métier, qu'il acquiert une force lui permettant de se tenir debout et, sinon de traiter d'égal à égal, du moins de traiter en homme avec l'employeur. Lorsque vous posez une condition quelconque comme barrière à l'entrée du syndicat, lorsque vous invitez le syndiquable à jurer par une conception quelconque, anti-militarisme, anti-patriotisme, etc., vous divisez le prolétariat contre lui-même, en mettant nécessairement hors du syndicat ceux qui pensent autrement. Ce n'est pas la Fédération du Nord qui s'exprime ainsi, ce sont les faits. Partout où l'on a fait autre chose que de la défense professionnelle, où l'on s'est assigné un autre but, on a eu des squelettes de syndicats, non des syndicats nombreux et forts.

Quand vous parlez de la Confédération Générale du Travail comme de la France ouvrière organisée, c'est une expression dont vous ne devez pas être dupes vous-mêmes. On peut laisser croire à la bourgeoisie qu'il y a là une véritable force, mais en fait, au point de vue numérique, vous savez bien que nos syndicats sont tout à fait insuffisants, que, comparés à ce qu'ils sont en Allemagne, en Angleterre, en Belgique, ils n'existent à peu près pas. Et lorsqu'on vient nous dire que la supériorité du syndicalisme français c'est justement cela, d'être constitué par une poignée de syndiqués à côté et en dehors de l'immense majorité ouvrière demeurée étrangère à tout groupement corporatif, on se moque des travailleurs.

C'est ce que n'a pas voulu faire la Fédération du Nord.

Ce qu'elle dit encore, et avec non moins de raison, c'est que, de même que tout ouvrier doit entrer dans son syndicat, tout syndiqué devrait venir à la section du parti. A côté de l'organisation corporative, non pas mêlée à elle, mais distincte, doit agir l'organisation politique du prolétariat. Et à ce propos on a prétendu que ce que nous poursuivions ainsi c'était la mainmise du parti socialiste sur les syndicats. Loin de nous une pareille pensée. Quand quelques-uns ont voulu faire entrer les syndicats dans le parti, nous avons été, au contraire, de ceux qui ont déclaré qu'il leur fallait rester en dehors sous peine de manquer à leur rôle syndical. Ç'aurait été mettre hors de leurs rangs les travailleurs non encore conscients, en même temps que nuire au parti. Nous aurions tué le mouvement syndical en même temps que corrompu et émasculé le mouvement socialiste.

Ceux qui ont prêté à nos amis du Nord l'intention de confisquer les syndicats se sont donc trompés; ils ont commis une erreur d'autant plus inexcusable qu'ils avaient le texte même de la proposition du Nord sous les yeux et que le contraire y est affirmé en toutes lettres. Notre proposition explique ensuite comment l'action politique est nécessairement révolutionnaire.

Elle ne s'adresse pas au patron, mais à l'État, tandis que l'action syndicale, elle, s'adresse aux individualités, aux collectivités patronales, mais non à l'institution patronale, parce que le patronat est l'effet, la résultante de la propriété capitaliste. Dès que celle-ci aura disparu il disparaîtra, et il ne saurait disparaître avant et autrement. C'est dans le parti socialiste, parce que parti politique, qu'on lutte contre le patronat et c'est pourquoi le parti socialiste est le véritable parti *économique*, tendant à transformer l'économie politique sociale. A l'heure actuelle les mots ont leur importance. Aussi ne saurais-je trop demander aux camarades de ne jamais laisser croire que c'est l'action corporative qui est l'action économique. Non, cette dernière action, c'est l'organisation politique des prolétaires en parti de classe qui la mène, c'est le parti socialiste, car la propriété est une institution sociale, qui ne peut être transformée que par la classe exploitée se servant du pouvoir politique pour cette transformation. C'est le parti socialiste qui est le seul parti révolutionnaire, parce que seul il permet, en s'attaquant à l'État, de toucher à la propriété.

Je sais bien qu'on tente ici une nouvelle diversion, en identifiant l'action politique avec l'action parlementaire. Non, l'action électorale comme l'action parlementaire peuvent être des formes, des morceaux de l'action politique, elles ne sont pas l'action politique tout entière, qui est la marche sur le pouvoir, sur le gouvernement. L'action politique, c'est le peuple de Paris s'emparant de l'Hôtel de Ville en 1871, ce sont les ouvriers parisiens marchant, en 1848, sur l'Assemblée nationale. Le reste du temps, ce que fait le parti, ce sont nos grandes manœuvres en temps de paix, c'est l'organisation et l'entraînement de l'armée révolutionnaire.

A ceux qui vont clamant que l'action politique préconisée par le parti se réduit à la fabrication des députés, vous opposerez un formel démenti. Ce n'est même pas la fabrication des lois, c'est la mainmise par la classe ouvrière sur l'usine aux lois ; c'est l'expropriation politique de la bourgeoisie, permettant seule son expropriation économique.

Quand la Fédération du Nord a osé vous demander de rappeler ainsi le prolétariat aux conditions mêmes de la lutte qui s'impose à lui pour son affranchissement, les uns ont dit : le syndicalisme se suffit à lui-même ; les autres : pourvu que les organisations corporatives s'engagent à ignorer le parti socialiste, cela doit nous suffire ! Je veux répondre à ces étranges affirmations, qui ne m'auraient pas étonné à Amiens, mais qui me stupéfient à Limoges. Je ne m'étendrai pas sur l'action directe : Jaurès l'a exécutée. Je voudrais seulement qu'on m'expliquât comment casser des réverbères, éventrer des soldats, brûler des usines, peut constituer un moyen de transformer la propriété. Il faudrait en finir avec toute cette logomachie prétendue révolutionnaire. Aucune action corporative, si violente soit-elle, grève partielle ou grève générale, ne saurait transformer la propriété. A supposer que les grévistes, maîtres de la rue, mettent la main sur l'usine, celle-ci n'en sera pas moins toujours une propriété privée ; au lieu d'être la propriété de quelques patrons ou actionnaires, ce sera la propriété des 500 ou 5.000 ouvriers qui l'auront prise, et voilà tout : les titulaires de la propriété capitaliste seront changés ; le système de propriété sera resté le même.

Et il ne faudrait pas dire et redire cela aux travailleurs ! et nous devrions les laisser s'engager dans une voie qui ne mène nulle part ! les meilleurs, les plus énergiques d'entre eux aller jusqu'à crier : pas d'action politique ! Non, les socialistes ne sauraient, sans crime, se prêter à une pareille duperie. Nous avons un devoir impérieux, c'est de ramener les travailleurs à la réalité, de leur rappeler sans cesse qu'on n'est révolutionnaire que si on s'attaque au gouvernement et à l'Etat.

Or, toute la politique syndicaliste consiste à laisser tranquilles gouvernement et Etat, ou bien à ne les connaître que pour leur demander quelque chose. Sous prétexte de ne pas faire de politique, on veut avoir la possibilité de tendre la main pour des subventions à toutes les fractions politiques, maîtresses des municipalités ou maîtresses du pouvoir central.

Disons et redisons aux prolétaires qu'en dehors du parti de la classe ouvrière s'emparant de l'Etat, il n'y a pas de transformation possible de la société et pas d'émancipation du travail.

Je passe à la deuxième thèse, très éloquemment soutenue, mais aussi détestable, quoique un peu moins scandaleuse en apparence. On a prétendu que du moment que l'on daignait, dans la Confédération, ignorer le parti, nous devions être satisfaits de voir le parti socialiste rangé parmi les « sectes » auxquelles la Confédération entend rester étrangère. Renaudel, il est vrai, a fait une distinction : il a prétendu que le mot de « sectes » ne s'appliquait pas au socialisme, mais à l'anarchisme. Je lui serais très obligé de publier son explication dans le *Socialiste* : nous verrons ce que répondra la Confédération du Travail. Je dis que nous ne pouvons pas nous laisser ainsi confondre avec les partis bourgeois. Un parti qui se respecte ne peut pas laisser passer une pareille injure faite au socialisme non seulement français, mais international. Faut-il vous rappeler les Congrès internationaux de Paris en 1889, de Bruxelles en 1891, de Londres en 1896, de Paris en 1900 ? Tous ont été unanimes à reconnaître que l'action syndicale seule est insuffisante pour l'affranchissement des travailleurs, que l'action politique s'impose.

On a même fermé les portes des Congrès internationaux aux organisations corporatives qui ne s'inclineraient pas devant la nécessité de l'action politique. Et vous rompriez avec l'Internationale ouvrière pour vous entendre avec quelques anarchistes ! Je sais ce qu'on vous a dit : ne vous mettez pas au ban de l'organisation ouvrière ; et moi je vous dis : ne mettez pas le socialisme français au ban du socialisme international. Je demanderai au Congrès de Limoges de vouloir bien rappeler à la Confédération Générale du Travail ce qu'ont toujours affirmé tous les Congrès des travailleurs du monde entier.

Qu'on fasse ce rappel, non pas comme une attaque, comme un acte de guerre — nous ne faisons la guerre à aucun travailleur, même quand il se trompe — mais, comme un enseignement, pour empêcher qu'on ne trompe plus longtemps les travailleurs.

Il faut rappeler, de façon à être entendu et compris de tous, les conditions de l'émancipation humaine, conditions essentielles. Ce que le Nord demande, c'est de proclamer une fois de plus que les deux actions, corporative et politique, s'imposent également, non pas comme ayant la même valeur, mais comme ayant la même nécessité. Le prolétariat, en les exerçant l'une et l'autre, ne peut pas se diviser contre lui-même. Que le syndiqué ne dise pas au socialiste : ce que je fais ne te regarde pas, — et inversement. Vous ne pouvez pas couper en deux chaque prolétaire, appelé, pour s'affranchir, à devenir à la fois syndiqué et socialiste.

Cela veut-il dire que vous allez prendre à la gorge la Confédération du Travail pour la forcer à l'entente? Non, cela veut dire que vous agirez sur elle en introduisant le plus possible de socialisme dans les syndicats. C'est un devoir que les socialistes doivent reconnaître et remplir. Vous demanderez à nos Bourses du Travail des départements de ne plus se faire représenter à Paris par des anarchistes qu'elles ignorent. Partout où il y a des socialistes, il faut qu'ils soient dans les syndicats ; là où les syndicats ont été laissés à une influence mauvaise, entrez-y, non pour y introduire la politique, mais pour y porter l'esprit socialiste.

Il ne s'agit pas d'y traiter les questions électorales ou parlementaires, mais d'y agir en socialistes, toujours à l'avant-garde pour que leur action s'exerce, non seulement sans l'hostilité, mais encore avec le concours donné du dehors par le parti.

Il faut, pour que nous aboutissions dans notre œuvre, pour que les événements prochains ne trouvent pas un prolétariat désarmé et impuissant, que cette réconciliation soit accomplie. Mais auparavant, il faut que la parole socialiste sorte du Congrès de Limoges [1].

1. La partie de la proposition du Nord, qui fut mise aux voix sous le titre de motion Charles Dumas, portait ce qui suit :

« Considérant que c'est la même classe, le même prolétariat qui s'organise et agit, qui doit s'organiser et agir, en syndicats ici, sur le terrain corporatif, en parti socialiste là, sur le terrain politique ;

» Que si ces deux modes d'organisation et d'action de la même classe ne sauraient être confondus, distincts qu'ils sont, et doivent rester, de but et de moyens, ils ne sauraient s'ignorer, s'éviter, à plus forte raison s'opposer, sans diviser mortellement le prolétariat contre lui-même et le rendre incapable d'affranchissement ;

» Le Congrès déclare :

» Il y a lieu de pourvoir à ce que, selon les circonstances, l'action syndicale et l'action politique des travailleurs puissent se concerter et se combiner. »

Elle réunit 130 voix contre 148 à la motion du Tarn.

# ENCORE LES SYNDICATS [1]

Jules Guesde. — La question qui se discute ici n'est pas de savoir si vous maintiendrez entre le parti socialiste français et la Confédération Générale du Travail le *statu quo* qui, paraît-il, résulterait de la motion votée à Limoges. La question qui se pose devant nous est tout autre : il s'agit, pour le Socialisme français, de dire à Stuttgard comment il comprend les rapports pouvant et devant exister entre l'organisation corporative ou syndicale et l'organisation politique ou socialiste du prolétariat du monde entier. C'est là la seule question que nous ayons à résoudre, et c'est en vue de sa solution que deux motions ont été déposées.

La motion du Cher d'abord, à laquelle j'adresserai le même reproche qu'à la motion relative au militarisme et aux conflits internationaux qui, votée à Limoges, vient d'être revotée à Nancy. Je dis qu'elle est à la fois ambiguë et contradictoire ; elle ne dit rien, c'est tout ce qu'on pourrait en dire de mieux ; quant à sa contradiction, elle est flagrante :

« Le Congrès,

» Convaincu que la classe ouvrière ne pourra s'affranchir pleinement que par la force combinée de l'action politique et de l'action syndicale, par le syndicalisme allant jusqu'à la grève générale, et par la conquête de tout

---

1. Congrès national de Nancy (1907), extrait du compte rendu *in extenso.*

le pouvoir politique, en vue de l'expropriation générale du capitalisme ;

» Convaincu que cette double action sera d'autant plus efficace que l'organisme politique et l'organisme économique auront leur pleine autonomie, le syndicalisme se proposant le même but que le socialisme..., etc... »

Conclut à la nécessité de combiner ces deux modes d'action, si autonomes et distincts qu'ils doivent rester ; Que non pas ! Conclut à ce que, sur son double terrain d'organisation et d'action, le prolétariat continue à s'ignorer, voire à se combattre...

Une semblable contradiction suffit à juger une motion que je demande, sans plus m'y attarder, au Congrès de vouloir bien écarter.

Et je passe immédiatement à la deuxième motion, celle de la Dordogne [1], qui tient debout, comme Lagardelle a bien voulu le reconnaître.

La théorie qu'elle résume répond à une longue et uni-

---

1. Cette motion, qui réunit 141 voix, contre 167 à celle du Cher était ainsi conçue :

Considérant que les Congrès internationaux ont été unanimes à affirmer la nécessité de l'organisation et de l'action corporative ou syndicale « pour combattre la toute-puissance du capital et améliorer la situation des ouvriers dans la société actuelle », et qu'ils faisaient un devoir à tous les travailleurs « d'appartenir au syndicat de leur profession » ;

Considérant qu'en même temps que la nécessité de cette organisation et de cette action corporative ou syndicale, les mêmes Congrès ont unanimement affirmé qu'elle « ne saurait suffire à l'émancipation de la classe laborieuse », qu'elle « ne saurait supprimer, mais seulement atténuer l'exploitation capitaliste », que « l'exploitation des ouvriers ne prendra fin que lorsque la société elle-même aura pris possession de tous les moyens de production, et que cette socialisation est subordonnée à la conquête du pouvoir publique par les travailleurs organisés en parti politique de classe » ;

Considérant, d'autre part, que c'est la même classe qui, pour l'amélioration de ses conditions de travail et de vie et pour son affranchissement intégral, est appelée à s'organiser et à agir sur le terrain corporatif et sur le terrain politique, et que ces deux modes d'organisation et d'action, pour distincts qu'ils doivent rester, ne sauraient s'ignorer et se contrecarrer sans diviser mortellement le prolétariat contre lui-même ;

Le Congrès décide qu'il y a lieu de pourvoir à ce que, selon les circonstances, l'action syndicale et l'action politique des travailleurs puissent se concerter et se combiner nationalement et internationalement.

verselle pratique, dont elle est née. Cette façon d'envisager et de mener l'action du prolétariat en marche vers sa
Révolution a pour elle quelque chose qui, pour ne pas peser
d'un grand poids dans la balance de Lagardelle, n'en
constitue pas moins, pour moi et pour beaucoup de nos
camarades, un argument d'une force extrême ; elle coïn-
cide avec la manière de voir et avec la manière de faire
du socialisme et du syndicalisme du monde entier. Il se
peut, je le répète, qu'une pareille considération soit d'ordre
absolument secondaire pour Lagardelle, libre de penser
que l'accord avec Lagardelle vaut mieux que l'accord avec
les prolétaires des Deux Mondes, c'est une appréciation
personnelle dans lequelle je n'ai pas à entrer.

Et, étant donné que notre conception se tient (de
l'action syndicale et de l'action politique, ainsi que de
leurs rapports nécessaires), je voudrais répondre aux
objections qui lui ont été adressées. On a dit qu'elle pouvait être vraie il y a un certain nombre d'années, mais
qu'aujourd'hui elle est surannée, « vieux jeu »... Nous
assistons, de temps à autre, à propos du socialisme, de sa
méthode et de sa tactique, à des découvertes de ce genre.
On nous expose doctoralement que, bon autrefois, ce
socialisme qui a mis debout le monde ouvrier, ne correspond plus à la situation présente ; qu'il a vieilli, et doit faire
place au socialisme « nouvelle manière ». Et quand nous
analysons ce socialisme soi-disant nouveau, avec l'arsenal prétendu supérieur qu'il apporterait à la classe
ouvrière et au parti, que trouvons-nous ? Des mots ou
rien, je le démontrerai tout à l'heure. Lagardelle, lui, a
affirmé que dans le mouvement ouvrier syndical, qu'il a
appelé syndicalisme, que je continuerai à appeler syndical, il y avait tous les éléments de l'affranchissement
ouvrier, et qu'il n'y avait que là les éléments de cet affranchissement ; que là seulement était, en même temps que
l'arme nécessaire, l'arme suffisante pour frapper à mort
la société d'aujourd'hui.

J'aurais pu, quand il parlait ainsi, lui demander dans
une interruption quelle était cette arme. Il aurait peut-
être été embarrassé pour me la fournir, ou, s'il me l'avait
fournie, je n'aurais pas été embarrassé, moi, pour la bri-

ser comme un simple pistolet de paille ou un simple sabre de bois.

Nous avons dit autrefois, comme nous disons aujour-d'hui, et je prétends que c'est vrai aujourd'hui comme c'était vrai autrefois, que le prolétariat doit s'organiser professionnellement, par métiers ; qu'il lui faut se former en syndicats ; que c'est là une condition, non seulement d'amélioration de sa situation actuelle, mais de transformation pour la société. Nous n'avons jamais, à aucun moment, même quand je critiquais le plus violemment les trades-unions d'Angleterre, varié à cet égard. Lagardelle parlait de mon attitude à l'égard des syndicats francais à leur début. Je ne faisais pas, à ce moment, leur procès aux syndicats français: si Lagardelle était moins jeune —et je le félicite, d'ailleurs, de ne pas partager ma trop longue expérience — il se rappellerait que si Vaillant et ses amis dénonçaient en 1876 le Congrès corporatif ou syndical de la salle d'Arras comme une espèce d'incorporation du prolétariat français à la société bourgeoise, moi, au contraire, je voyais et saluais, dans ce premier Congrès ouvrier, le point de départ ou l'embryon d'une organisation de classe. Je n'ai pas voulu me séparer des syndiqués d'alors, quoi qu'ils en fussent encore au balbutiement, et quoique, prisonniers de la coopération bourgeoise, ils allassent jusqu'à proscrire la grève. Je me suis obstinément refusé à constituer un mouvement socialiste en dehors du mouvement ouvrier quel qu'il fût, et, dans les congrès successifs du prolétariat syndical français, c'est en collaborateurs que nous sommes intervenus, dès Lyon, où s'affirmaient une poignée des nôtres; puis à Marseille, au Havre, etc., où, à côté des chambres syndicales, figuraient nos groupes d'études sociales et d'action politique...

Mais, comme Renard vous l'expliquait tout à l'heure, si au début les deux mouvements, corporatif ou syndical et socialiste ou politique, ont pu et dû se confondre, c'est que les éléments qui entraient dans les deux organisations étaient si faibles, si peu nombreux, qu'il n'y avait pas place pour ce qu'il a si justement appelé la *division du travail*. Division qui devait se produire au fur et à mesure du développement des deux mouvements. C'est ainsi — pour ne parler que de l'organisation socialiste à laquelle j'appartenais, — qu'à côté du P. O. F. on a vu se former et fonctionner dès 1886 la Fédération nationale des Syndicats et Groupes corporatifs ouvriers de France. Effet de la division du travail qui s'imposait, sans que pour cela, parce que le travail se divise, il n'y ait pas lieu à coordination. Quand le travail industriel exécuté par le petit atelier d'autrefois, dans lequel toutes les opérations étaient faites sur place, quelquefois par le même ouvrier, a dû, par suite de son extension, être réparti entre une série d'ateliers divers, avec un personnel distinct, est-ce que pour cela on a rompu tout lien, toute entente et toute combinaison entre les éléments divisés de la production ainsi agrandie ? C'est le contraire, camarade Lagardelle, qui s'est produit. Une concentration nouvelle naissait de cette division du travail. Et ce que nous demandons, nous, c'est que la division du travail, appliquée à l'organisation et à l'action de la classe ouvrière, donne également lieu à une concentration ouvrière. (*Applaudissements.*)

C'est ce que dit la résolution de la Dordogne, c'est ce qu'ont toujours dit toutes les résolutions de nos congrès internationaux qui, après avoir déterminé comme nous ce que peut et ce que ne peut pas l'organisation syndicale, ont conclu, comme nous, que, pour l'affranchissement de la classe ouvrière, elle doit être doublée d'une organisation politique de classe. Que ces congrès « retardent » eux aussi, qu'ils aient été « dépassés », c'est entendu. Mais j'attends toujours que nos « novateurs », qui vont répétant que le syndicat se suffit à lui-même, que de l'action syndicale peut et doit surgir la Révolution sociale, j'attends toujours qu'ils nous expliquent comment, avec les seules armes dont ils disposent et qui leur sont imposées par leur nature propre, les syndicats arriveront jamais à transformer la propriété, condition essentielle du monde nouveau.

Et qu'ils ne m'objectent pas la grève générale, ou je serais obligé de rappeler à nos syndicalistes — ainsi qu'ils se dénomment — que si elle a été opposée au bulletin de vote, c'est surtout contre toute solution insurrectionnelle que la grève générale a été inventée !

Pelloutier écrivait que le « peuple n'avait jamais acquis aucun avantage aux révolutions sanglantes dont ont seuls bénéficié les agitateurs et la bourgeoisie ; qu'en présence d'ailleurs de la puissance militaire mise au service du capital, une insurrection à main armée n'offrirait aux classes dirigeantes qu'une occasion nouvelle d'étouffer les revendications sociales dans le sang des travailleurs ».

Ce sont les termes mêmes de la résolution par lui présentée — et votée au Congrès de Tours de 1892 — et il concluait « que parmi les *moyens pacifiques et légaux* inconsciemment accordés au parti ouvrier pour faire triompher ses légitimes aspirations, il en était un qui doit hâter la transformation économique et assurer, sans réaction possible, le succès du quatrième-État ; que ce moyen est la suspension universelle et simultanée de la force productrice, c'est-à-dire la grève générale, qui, même limitée à une période relativement restreinte, conduirait infailliblement le parti ouvrier au triomphe des revendications formulées dans son programme ».

Donc, pas de révolution violente, toujours présentée par nous comme une nécessité : c'est à la fois dangereux et inutile, la légalité suffisant ! Et le bulletin de vote, c'est trop long, ajoutait Pelloutier. Et moi, je répondais à Pelloutier que si, en effet, le bulletin de vote était un moyen bien trop long, dont ne se contenterait pas mon impatience, le refus général du travail était un moyen de beaucoup plus long encore, puisque, électoralement, il suffirait d'une *majorité* ouvrière consciente pour s'emparer du pouvoir politique et le faire servir à l'expropriation de la classe capitaliste, alors que pour la grève générale, telle qu'il la voulait, il fallait la *généralité* des travailleurs, une majorité sortie des usines devant rencontrer contre elle, avec la minorité qui continuerait à travailler, les paysans exaspérés de ne pouvoir écouler ou vendre leurs produits, joignant leurs fourches et leurs fusils de chasse aux lebels de l'armée dite nationale.

C'est que, contrairement à ce que d'aucuns prétendent, je n'ai jamais subordonné l'émancipation du prolétariat à son avènement électoral ou légal. Jamais je n'ai laissé croire une seule minute aux travailleurs, soit dans ma propagande générale, soit dans les campagnes à l'appui de candidature posée par des camarades, que le bulletin de vote pouvait suffire à les affranchir. L'année dernière encore, à Roubaix, pendant toute la période électorale, j'ai été répétant que les élections ne sont qu'un moyen d'organiser le prolétariat : ce sont ses grandes manœuvres. Il prend, là, conscience et mesure de sa force, en même temps qu'il se rapproche de la position qu'il doit emporter, jusqu'à ce que, sous une poussée de deux, de trois, de quatre millions de voix, plein de confiance en lui-même, il donne le coup d'épaule final, faisant jouer son droit à l'insurrection, accomplissant sa révolution inéluctable. Ce langage, je l'ai tenu partout et toujours. (*Applaudissements.*)

Ce n'est pas à moi, par suite, que s'adresse le reproche de Lagardelle, de laisser miroiter aux yeux des ouvriers et des paysans qu'ils pourront se libérer en « bien votant ». Cette illusion-là, je ne l'ai jamais ni partagée, ni fait partager par personne. J'ai soufflé dessus en toutes circonstances, et c'est pourquoi il y a eu, à plusieurs reprises et pendant bien longtemps, plus que des malentendus, des froids sibériens entre ceux des nôtres qui se réclamaient de la démocratie, ne voyant dans le socialisme que le couronnement de l'évolution républicaine, et moi, qui ne voyais au contraire, dans la lutte politique à coups de bulletins, qu'une préparation, un entraînement à la lutte à coups de fusil. (*Applaudissements sur certains bancs.*)

Si je continue à demander au syndicalisme qui se suffit à lui-même et fait fi du socialisme comme n'ayant plus aujourd'hui qu'une raison d'être électorale, quels sont, en dehors de la grève générale, ses moyens d'action, après avoir donné la parole à Pelloutier, c'est à Latapie que je m'adresserai. Et voici textuellement sa réponse :

« Le syndicalisme emploie pour arriver à ses fins — qui ne sont plus seulement la défense ouvrière, l'amélioration des conditions ouvrières ; vous avez dit, Lagardelle, qu'il s'agissait de l'affranchissement du travail, de la société nouvelle à instaurer — il emploie pour arriver à

ses fins... le boycottage, le sabotage, les grèves par-
tielles. »

Telles sont les armes — vos seules armes — avec les-
quelles vous avez la prétention de transformer la propriété
et la société! C'est avec cela que vous entendez faire l'économie de la conquête de l'État, enclouer ses canons bra-
qués contre vous et empêcher de partir, contre les travailleurs, les fusils d'autres travailleurs déguisés momentanément en soldats! N'est-ce pas souverainement ridicule?
Et pourtant, vous n'avez pas autre chose au fond de votre
arsenal.

Mais vous-même, m'avez-vous dit — et je ne l'ai pas
oublié — que demain, par un coup de baguette magique,
le pouvoir tombe entre vos mains, êtes-vous sûr, au
moyen de cet État, instrument d'oppression, et non de
libération, de pouvoir opérer la transformation sociale?

Depuis quand, Lagardelle, m'avez-vous entendu soutenir que si, par miracle, une poignée de socialistes arri-
vaient à mettre la main sur le gouvernement, ils suffiraient
à affranchir, en dehors d'elle-même, la France ouvrière et
paysanne? Est-ce que toute notre propagande, depuis plus
de trente ans, ne proteste pas contre une pareille présomp-
tion? Que faisons-nous — on peut dire exclusivement —
depuis la Commune? N'est-ce pas organiser, organiser
encore, organiser toujours, non seulement ceux de l'usine,
mais ceux de la terre, en vue précisément de ce moment
psychologique, convaincus comme nous le sommes que
ce n'est que dans la mesure où la conscience socialiste
aura été éveillée, où le monde du travail se sera organisé professionnellement, que pourra aboutir le mouvement révolutionnaire? Non seulement nous avons toujours pensé et parlé de la sorte, mais, sinon la motion
forcément écourtée de la, Dordogne, du moins la motion
plus explicite du Nord, à Limoges, l'année dernière,
déclarait expressément que le passage de la société capitaliste à la société socialiste s'opérera d'autant plus vite
et d'autant plus facilement que « la classe ouvrière sera
plus puissamment constituée par métier et habituée ainsi
à l'action commune »:

Représentez-vous tous les ouvriers mineurs groupés en

un vaste et unique syndicat, d'autres syndicats, correspondant aux différentes branches du travail industriel,
commercial et agricole, englobant de même la totalité des
ouvriers du métier, et voyez comment, maîtres de l'État,
il devient possible, du jour au lendemain, d'en finir avec
la propriété capitaliste, nationalisée ou socialisée et remise
pour son exploitation aux travailleurs organisés et asso-
ciés ! Nul doute, par contre, qu'à défaut d'un prolétariat
ainsi préparé, tout événement qui nous porterait au pouvoir nous laisserait plus ou moins impuissants. Que voulez-vous ? La Révolution sociale, je ne l'ai pas dans ma
poche, — ni vous non plus. Et je n'ai jamais dit aux travailleurs qu'il suffirait, pour qu'elle soit, de remplacer Clemenceau ou Fallières par un des nôtres. Je leur ai toujours dit,
au contraire, qu'elle n'est faisable et qu'elle ne se fera, que
dans la mesure où ils sauront, où ils voudront, où ils pourront... Donc, de ce côté encore, votre critique ne porte
pas.

Franchissant ensuite la frontière, vous transportant en
Angleterre, en Allemagne, etc., vous avez, toujours contre
la motion de la Dordogne — et moi je dis, en réalité pour
elle — invoqué l'état syndical de ces divers pays. Quinze
cent mille *trade-unionistes* ici, deux millions de syndiqués
là, cela ne compte pas pour vous, pour votre syndicalisme, qui, je le reconnais, n'a rien de commun avec ces
formidables organisations ouvrières.

Votre syndicalisme, celui que vous affirmez contre nous,
est d'une espèce toute particulière. Il se distingue de
tout ce qui existe à l'étranger, par ce fait qu'il ne compte
pas de syndiqués du tout, ou si peu ! (*Protestations.*) Je
répète que la caractéristique — vous dites, vous, la supériorité — du syndicalisme français, tel que vous le préco-
nisez, c'est qu'il n'a personne derrière lui. Et je le prouve.
Si je retranche, par exemple, de la Confédération Générale du Travail, nos 60.000 syndiqués du Nord qui, bien
qu'y adhérant, ne sont pas des vôtres et n'attendent ni
du sabotage, ni du boycottage, ni de la grève partielle
ou générale, l'affranchissement du travail ; si je fais la
même opération pour la Fédération des chemins de fer,
pour la Fédération nationale des mineurs, pour le Textile,

pour la Fédération du livre, pour celle des Mécaniciens..

Lagardelle.— Ils ont tous voté, à Amiens.

Jules Guesde. — ... qui vient de tenir son Congrès à Paris et qui n'est pas avec vous, vous ne l'ignorez pas, que vous restera-t-il comme forces organisées?

Lagardelle. — Évidemment !

Jules Guesde. — Et comme aucune de ces grandes organisations n'est syndicaliste dans votre sens, la démonstration est faite, par les chiffres, de ce que j'avance: que ce qui classe — et juge — votre syndicalisme dans le mouvement général du monde entier, c'est son absence de syndiqués. (*Mouvements divers, rumeurs.*)

Au fond, que peut être l'organisation syndicale et que doit-elle être ? Qu'on le veuille ou non, il s'agit d'intérêts immédiats à défendre en commun, dans l'impossibilité de les défendre isolément. Convaincu que livré à lui-même, la faim qui le talonne et qui talonne les siens l'obligera à passer sous les fourches caudines de l'employeur, l'ouvrier s'entend, s'associe, pour résister, avec ses camarades de même métier. Substituer à la faiblesse individuelle de qui ne possède rien, la force collective de la profession ou de la corporation organisée, à l'effet d'être payé plus et de travailler moins, telle est la raison d'être du syndicat. Et quand nous poussons le travailleur à y entrer, que ce soit vous, que ce soit nous, le langage que nous lui tenons est le même. Nous pouvons lui dire encore autre chose, mais nous lui disons surtout que c'est pour résister aux exigences patronales, pour obtenir de moins mauvaises conditions de travail qu'il lui faut se syndiquer. Si nous n'avions pas cet argument à faire valoir, nous ne pourrions pas songer à l'amener à une association qui entraîne une cotisation et, par suite, une nouvelle privation pour la famille ouvrière...

A cela, en Angleterre, en Allemagne et ailleurs, on a ajouté des assurances contre le chômage et la maladie, des secours en cas de grève, etc... On a créé, en un mot, tout un système de mutualités correspondant aux besoins et aux risques ouvriers ; et par le moyen de ces avantages, perceptibles aux travailleurs ayant le moins de conscience de classe, on est arrivé à mettre debout, sur le terrain syndical, des prolétariats admirablement organisés et outillés...

Les syndicats, je ne l'ignore pas, ont encore une autre besogne. Je veux parler des quelques lois misérablement protectrices du travail qui ont pu être arrachées à l'État bourgeois et que l'on peut, en général, violer impunément. Contrairement aux lois qui intéressent le capital ou les capitalistes et dont l'observation est assurée par les pénalités les plus rigoureuses et la plus active des magistratures, il suffit qu'une loi doive profiter à la classe ouvrière pour qu'elle soit dénuée de toute espèce de sanction. J'ai eu la curiosité, un jour, à la Chambre, de rechercher, par les contraventions intervenues et leurs suites, ce que coûte aux employeurs le crime des crimes auquel ils se livrent couramment, atteignant, à travers la loi, l'enfant, la femme et l'avenir de l'humanité dans la femme, et j'ai pu conclure, sans être démenti, que l'attentat leur revenait en moyenne à 3o centimes — le prix d'un intérieur d'omnibus dans Paris. (*Exclamations.*) Eh bien! de pareilles lois ne pourront être vivantes que dans la mesure où le prolétariat, leur donnant sa propre sanction, mettra à leur service sa force syndicale, son organisation et son action corporative; mais pour cette fonction qui lui-incombe, comme pour les autres, il faut que le syndicat soit nombreux et fort, il faut que ses portes soient largement ouvertes à tous et qu'aucune condition ne soit mise à l'adhésion de chacun. On n'a pas le droit de dire à un maçon : tu n'entreras pas dans le syndicat des maçons si tu ne jures pas par le syndicalisme de Lagardelle; on n'a pas le droit de dire à un métallurgiste ou à un verrier; tu n'entreras pas dans le syndicat des métallurgistes ou des verriers si tu n'es pas pour le sabotage, si tu n'es pas pour l'antimilitarisme ou l'antipatriotisme... Vous n'avez pas le droit de diviser contre elle-même, par des considérations étrangères, la profession que votre devoir est d'unir, ou si vous le faites, vous aboutissez précisément à ce que je déplore, à ce que j'affirme et que vous niez, à des squelettes de syndicats. (*Approbation.*) Le syndicat ne vaut que dans la mesure où la totalité, où l'immense majorité au moins des travailleurs du même métier ont rallié le drapeau, parce qu'alors, pour faire aboutir leurs revendications, ce n'est plus même la grève qui s'impose, la menace de la grève suffit. (*Applaudissements.*)

Je lisais dernièrement, dans un journal corporatif d'Allemagne, que l'admirable Fédération des travailleurs en métaux (plus de 300.000 membres !) avait, par la simple menace de la grève, fait diminuer de quatre heures et demie la semaine de travail, en même temps qu'elle faisait hausser de 2 marks et demi, je crois...

RAPPOPORT. — De 3 marks.

JULES GUESDE. — ... le salaire hebdomadaire. Voilà de la véritable action syndicale, sérieuse, celle-là, pas tapageuse ; elle ne se donne pas comme devant transformer la société, mais pour ce qu'elle est et doit être ; elle fait les travailleurs plus libres, mieux armés pour leur affranchissement définitif, non pas en abandonnant ou en dédaignant le syndicat, mais en apportant à leur classe, sur le terrain politique, l'appui de leur mieux-être et de leur force accrue.

Et quel inconvénient y a-t-il à ce que toute l'œuvre ouvrière ne s'accomplisse pas dans le même atelier, à ce que les travailleurs disposent de deux ateliers : l'atelier syndical pour la besogne quotidienne de défense et d'amélioration de leurs conditions de vie et de lutte, et l'atelier ou le champ de bataille politique pour la reprise de la propriété au moyen de la prise de l'État ? (*Approbation.*)

Il faut revenir à la réalité et cesser de se payer de mots.

Ce n'est pas sur l'État, contre l'État, que s'exerce l'action syndicale. Non pas que certaines poussées ou pressions ne puissent et ne doivent être opérées. Mais elles constituent de l'action politique, et pour qu'elles aboutissent, même partiellement, il faudrait une France syndicale autrement développée que celle à laquelle nous sommes réduits. Comme le faisait, d'ailleurs, observer Marius André, cette « action directe » — moins le mot — nous en avons toujours été partisans, ayant toujours soutenu que la classe ouvrière n'obtiendrait que ce qu'elle arracherait par la manifestation — avant même l'emploi — de sa force. Mais c'est sur le patron, contre lui, que le syndicat est appelé constamment et directement à agir. C'est lui qui est menacé, lui, dont la volonté faisait loi pour les ouvriers isolés et qui est obligé de s'incliner, de laisser passer, partiellement au moins, la volonté ouvrière, lorsqu'il se trouve en présence d'une organisation syndicale sérieuse. Le patron est atteint, mais pas le patronat et encore moins la propriété capitaliste. Que les travailleurs de Roubaix, par exemple, de succès en succès, arrivent à formuler des revendications telles que M. Motte ne veuille ou ne puisse plus céder, et, quelle que puisse être leur puissance syndicale, tout au plus M. Motte sera-t-il réduit à transporter en Belgique ou en Pologne ses usines ou ses capitaux. Le patronat, lui, subsiste, parce qu'il est une résultante de la propriété capitaliste, qui ne saurait elle-même disparaître qu'avec et après l'Etat bourgeois.

Tant que l'Etat, tant que le pouvoir politique sera aux mains de la bourgeoisie, pas de Révolution sociale possible, quoi qu'en pense Hervé, qui évoquait « les communes insurrectionnelles » s'emparant des moyens de production. Insurrectionnelle ou non, la Commune est dominée par les canons de l'Etat, et tant que vous n'aurez que la Commune, vous n'aurez rien. Les moyens de production ne feront que passer entre vos mains comme le porte-monnaie entre les mains du pick-pocket, appréhendé finalement au corps par le gendarme. (*Approbation.*)

Ne pouvant toucher ni à l'Etat, ni à la propriété capitaliste, l'action syndicale ne saurait donc suffire à l'émancipation sociale, comme le voulait Laudier. Peu importe qu'elle se propose le même but que le socialisme, du moment qu'elle n'est pas en mesure de l'atteindre. Si je n'ai qu'un sabre et que je me propose de m'en servir comme d'un fusil, je n'abattrai pas un ennemi distant de plusieurs mètres. Au prolétariat, qui a les deux armes, à ne pas demander à l'une la portée de l'autre. Indispensable est l'organisation syndicale. Combien de fois l'ai-je dit et écrit ! Tout travailleur qui ne rejoint pas son syndicat est un traître à lui-même, à sa famille et à sa classe, c'est entendu ; mais cela ne veut pas dire qu'après avoir rejoint son syndicat, il ne doive pas rejoindre la section socialiste. (*Applaudissements.*)

Je sais bien que Lagardelle vient dire : « Le parti socialiste, un parti de classe ! que venez-vous nous raconter là ? La classe ouvrière, elle est uniquement dans les syndiqués de la mine, du textile, de la métallurgie, etc... Là seulement se trouve le prolétariat qui doit s'affranchir lui-même... »

Vous avez, Lagardelle, une étrange manière de concevoir les classes dans la société actuelle. Si le prolétariat se composait exclusivement des travailleurs plus particulièrement manuels, il pourrait attendre longtemps encore sa libération, parce que les conditions de l'ordre nouveau, sur la nécessité desquelles vous insistiez avec raison, n'existeraient qu'en partie. Ce qui fait que, dès aujourd'hui, la société socialiste est possible, n'attendant, pour devenir, que l'effort indispensable des travailleurs s'emparant. au moyen de l'État conquis, des instruments et de la matière du travail pour les restituer à la nation, c'est que le prolétariat n'est pas limité à ce que vous prétendez, c'est qu'il embrasse toutes les activités, les plus cérébrales comme les plus musculaires, ingénieurs, chimistes, savants de toute nature, devenus eux aussi de la chair à profits, et en mesure d'assurer le fonctionnement de la production supérieure de demain. (*Applaudissements.*) Ouvert de droit à tous ceux qui travaillent du bras ou du cerveau, le parti socialiste est essentiellement un parti de classe, plus complet que ne peut l'être le syndicat lui-même. Et j'ajoute que ce n'est pas parce que quelques déserteurs de la classe ennemie, un Lagardelle, un Vaillant, un Lafargue, auront pris place dans ses rangs, qu'il pourrait perdre pour nous ce caractère de classe et de lutte de classe. (*Approbation.*) Bien au contraire.

Puisque vous avez parlé d'expérience, puisque vous avez fait appel à l'histoire, vous devriez savoir que dans toutes les révolutions s'opèrent des chassés-croisés de cette espèce : d'une part, la classe qui poursuit son affranchissement n'est pas suivie par la totalité de ses membres ; une partie pousse l'esprit de conservation jusqu'à prendre la défense et à se mettre au service de la classe contre

laquelle la transformation s'accomplit. D'autre part, de
la classe menacée, se détachent des hommes qui font
cause et révolution communes avec la classe en ébullition...
C'est ainsi qu'en 89 et en 93 nombreux sont les bourgeois,
petits et grands, paysans et artisans, qui sont du côté de
ce qui restait du monde féodal contre l'avènement révolutionnaire de la bourgeoisie, pendant que, du côté du Tiers
chassant du gouvernement Noblesse et Clergé, on trouve
non seulement des curés, mais des évêques et des nobles,
depuis M. de Mirabeau jusqu'au marquis de Canclaux,
qui commandait l'armée des « Bleus » contre les « Blancs »
de Cathelineau et de Charette, en passant par les de
Robespierre et les de Saint-Just... Ce qui s'est produit
alors et s'est reproduit depuis, notamment lors de la
Commune, s'impose et s'imposera encore...

Ce qui ne veut pas dire que cette introduction d'un
élément capitaliste dans un parti ouvrier comme le nôtre
ne puisse présenter des inconvénients : il y en a dans tout.
De même qu'il y a des « jaunes » parmi les ouvriers,
traîtres à leur classe pour le profit qu'ils retirent de leur
trahison, il peut y avoir, il y a et il y aura des bourgeois
venant à nous par intérêt, à mesure que le prolétariat
organisé leur paraîtra suffisamment fort pour leur servir
de marchepied et les hisser à la Chambre ou au Sénat, en
attendant le ministère, comme Briand l'ancien grève-géné-
raliste ; mais c'est au parti socialiste à monter la garde à
sa propre porte (*Approbation*), à prendre ses précautions
et à ne pas s'ouvrir à des hommes à l'encontre desquels
il a raison d'être méfiant. Il lui faut encore et surtout
accentuer sa politique de classe aussi bien dans le Parlement que dans le pays.

Vous savez très bien que si a pu prendre corps un syndicalisme prétendu révolutionnaire et en réalité anarchiste,
c'est aux socialistes oublieux de la lutte de classe que vous
le devez. En se confondant avec les partis bourgeois et
en faisant avec eux gouvernement commun, ils ont donné
lieu ou prétexte à un mouvement ouvrier en dehors du
mouvement socialiste, pour ne pas dire contre lui. Et ce
n'est que dans la mesure où le parti socialiste faillirait à
son devoir qu'il pourrait y avoir place à côté de lui pour

une organisation de classe distincte, l'ignorant et ne le connaissant que pour le combattre. Mais qu'il fasse tout son devoir, qu'il reste et lutte sur son terrain de classe, et je répète qu'il est plus « de classe » que ne peut l'être l'organisation syndicale elle-même.

A ce propos, et puisque vous avez renvoyé notre socialisme à l'école du Congrès d'Amiens, laissez-moi, sans récrimination, vous rappeler certaine thèse que vous auriez pu y entendre développer comme moi, par l'organe du compte rendu officiel. Il s'agissait de combattre toute entente et combinaison avec le parti socialiste, et, pour ne pas voter la proposition du Textile, dans l'intérêt de ɩa classe ouvrière on montrait les travailleurs groupés sur le terrain syndical obligés souvent de compter avec une majorité parlementaire qui n'est pas socialiste. Si les camarades — ajoutait-on — qui ont besoin de tous les concours politiques pour obtenir satisfaction s'adressaient au seul parti socialiste, ce serait désastreux pour leur cause... (*Exclamations et interruptions.*) Ce n'est pas encore par ce syndicalisme-là, on l'avouera, que le mouvement socialiste sera dépassé. Et il correspond à une notable fraction de la C. G. T.

Loin de moi, du reste, toute pensée d'attaques contre la C. G. T., à laquelle j'ai amené encore il n'y a que trois semaines, le camarade Lefebvre peut en témoigner, plus de 7.000 syndiqués du Textile. Et partout où j'ai passé depuis des années j'ai toujours agi de même, disant aux travailleurs : « Il y a actuellement une unité syndicale ou corporative en France ; quels que puissent être les courants qui la divisent ou la dominent, votre devoir est tout tracé, c'est de rejoindre cette unité ; vous verrez ensuite, de l'intérieur, en famille, s'il n'y a pas lieu de modifier la tactique employée jusqu'à présent et d'orienter autrement l'action syndicale française. » Est-ce là être ennemi et se comporter en ennemi de la C. G. T. ? (*Approbation.*)

Mais ce que je reproche, moi, aux anarchistes qui parlent en son nom, qui la traitent comme une propriété à eux, et crient : au voleur ! quand un Marius André, un Roland ou un autre socialiste syndiqué se permet d'accepter une délégation de nos Bourses du Travail, ce que je leur reproche précisément, c'est d'empêcher le recrutement, le développement de la C. G. T., c'est de faire une campagne tellement à côté, tellement en dehors, tellement mortelle à l'unité corporative qui s'impose, qu'elle laisse en dehors de la C. G. T. non seulement des ouvriers égrénés, mais des masses d'ouvriers syndiqués.

Je dis pour finir, camarades, et en revenant au Congrès de Stuttgard, qu'il ne s'agit pas, comme on le prétendait ce matin, d'envoyer *prendre livraison*, pour en abuser, de la mariée malgré elle que serait la C. G. T.

La C. G. T. n'est pas en cause. Il s'agit de savoir si vous irez à Stuttgard proclamer, au nom du socialisme français, que le socialisme n'a plus de raison d'être, remplacé qu'il est par un syndicalisme qui veut, lui, un prolétariat divisé dans sa double organisation, syndicale et politique. Là est la question, la seule question, toute la question. Divorcerons-nous, oui ou non, d'avec l'Internationale, passée et présente, qui s'est toujours prononcée pour les deux actions combinées, — en lui apportant, qui plus est, une conception qui n'est pas nôtre ?

Ah! je comprendrais que la C. G. T., remplissant les conditions exigées pour la participation aux Congrès internationaux, et déléguant à Stuttgard Lagardelle, je comprendrais que celui-ci tînt là-bas le langage qu'il nous a tenu ici : « Laissez à eux-mêmes, à leur autonomie, les syndicats qui n'ont rien à faire de vous ou avec vous, constituant à eux seuls la véritable organisation révolutionnaire. Vous n'êtes, vous, parti socialiste, qu'un parti électoral, ramasseur de mandats aujourd'hui, ramasseur de portefeuilles demain. »

Mais qu'ici, dans un Congrès du parti, ce soit le parti lui-même qui s'exprime de la sorte sur son compte, en adoptant la motion du Cher qui, sous l'ambiguité des termes, ne dit pas autre chose, c'est ce qu'il me paraît impossible d'admettre.

Ce que je crois être de notre devoir et ce que je vous demande de déclarer, c'est que l'action syndicale et l'action politique qui s'imposent au prolétariat ne sauraient rester isolées, accomplies qu'elles sont et doivent être par la même classe qui ne saurait, sans suicide, se couper en deux. C'est ce que dit la motion de la Dordogne en concluant qu'il y a lieu de pourvoir à ce que, selon les circonstances, les deux actions puissent se concerter et se combiner nationalement et internationalement. Dites-le avec elle ici, ou on vous le dira à Stuttgard ¹. (*Applaudissements.*)

1. Le Congrès international de Stuttgard vota, en effet, par 222 voix contre 18, la résolution suivante :

## I

Pour affranchir entièrement le prolétariat des liens du servage intellectuel, politique et économique, la lutte politique et économique sont également nécessaires. Si l'activité du parti socialiste s'exerce surtout dans le domaine de la lutte politique du prolétariat, celle des syndicats s'exerce principalement dans le domaine de la lutte économique de la classe ouvrière. Le parti et les syndicats ont donc une besogne également importante à accomplir dans la lutte d'émancipation prolétarienne.

Chacune des deux organisations a son domaine déterminé par sa nature et dans lequel elle doit régler son action d'une façon absolument indépendante. Mais il y a un domaine toujours grandissant de la lutte de classe prolétarienne, dans lequel on ne peut obtenir d'avantages que par l'accord et la coopération du parti et des syndicats.

Par conséquent, la lutte prolétarienne sera d'autant mieux engagée et d'autant plus fructueuse que les relations entre le syndicat et le Parti seront plus étroites, sans compromettre la nécessaire unité du mouvement syndical.

Le Congrès déclare qu'il est dans l'intérêt de la classe ouvrière que, dans tous les pays, des relations étroites soient créées entre les syndicats et le parti, et rendues permanentes.

Le parti et les syndicats doivent s'aider et se soutenir moralement l'un l'autre dans leurs efforts et ne doivent se servir dans leur lutte que des moyens qui puissent aider à l'émancipation du prolétariat. Quand des divergences de vues se manifestent entre les deux organisations sur l'opportunité de certaines méthodes d'application, elles doivent discuter entre elles un accord.

Les syndicats ne rempliront pleinement leur devoir dans la lutte pour l'émancipation des ouvriers que si leurs actes s'inspirent d'un esprit entièrement socialiste. Le parti a le devoir d'aider les syndicats dans leur lutte pour l'élévation et l'amélioration de la condition sociale des travailleurs. Dans son action parlementaire, le parti doit mettre en pleine valeur les revendications syndicales.

Le Congrès déclare que le progrès du mode de production capitaliste, la concentration croissante des moyens de production, l'union croissante des employeurs, la dépendance croissante des métiers particuliers vis-à-vis de l'ensemble de la société bourgeoise réduiraient l'organisation syndicale à l'impuissance, si celle-ci se préoccupait uniquement des intérêts de métiers, se plaçait sur le terrain de l'égoïsme corporatif et admettait la théorie de l'harmonie des intérêts entre le travail et le capital.

Le Congrès est d'avis que les syndicats obtiendront d'autant plus de succès dans la lutte contre la spoliation et l'oppression que leur organisation sera plus unifiée, que leur système de secours sera plus parfait, que les caisses destinées à la lutte syndicale seront mieux remplies, que leurs adhérents auront une plus claire conscience de la conjoncture économique, et que seront plus grands leur enthousiasme et leur esprit de sacrifice inspiré de l'idéal socialiste.

## II

Le Congrès invite tous les syndicats se trouvant dans les conditions prévues par la conférence de Bruxelles 1899, ratifiée par le Congrès de Paris 1900, à se faire représenter aux Congrès internationaux et à se tenir en relation avec le Bureau socialiste international de Bruxelles. Il charge ce dernier de se mettre en rapport avec le Secrétariat international des syndicats à Berlin pour l'échange de tous les renseignements relatifs à l'organisation ouvrière et au mouvement ouvrier.

# L'ANTIMILITARISME ET LA GUERRE [1]

JULES GUESDE. — Pour repousser à la fois la proposition Hervé [2] et la deuxième motion Vaillant [3], je me placerai sur le terrain des Congrès internationaux et je ferai valoir contre l'une et l'autre les mêmes raisons que le parti socialiste du monde entier a invoquées contre Domela Neuwenhuis en 1891. Lorsqu'au Congrès de Bruxelles, Domela demandait qu'en cas de guerre, on proclamât la grève militaire, avec ou sans insurrection, c'est à l'unanimité, moins l'abstention de la Hollande, que la proposition a été repoussée.

Elle a été repoussée d'abord comme n'étant pas socialiste, comme détachant du capitalisme un de ces effets, qu'il n'y avait ni lieu, ni moyen de combattre à part. L'Internationale a déclaré que la guerre et le militarisme

1. Congrès national de Limoges (1906); extrait du compte rendu analytique.
2. Proposition Hervé, dite de l'Yonne : le Congrès, considérant que peu importe aux prolétaires l'étiquette nationale et gouvernementale des capitalistes qui les exploitent ; que l'intérêt de classe des travailleurs est sans diversion possible la lutte contre le capitalisme international ; répudie le patriotisme bourgeois et gouvernemental qui affirme mensongèrement l'existence d'une communauté d'intérêts entre tous les habitants d'un même pays ; affirme que le devoir des socialistes de tous pays est de ne se battre que pour instituer le régime collectiviste ou communiste et le défendre lorsqu'ils auront réussi à l'établir ; et en présence des incidents diplomatiques qui, de divers côtés, menacent de troubler la paix européenne, invite tous les citoyens à répondre à toute déclaration de guerre, de quelque côté qu'elle vienne, par la grève militaire et l'insurrection.
3. Proposition de la Seine ou Vaillant:
PREMIÈRE MOTION. — Le Congrès confirme à nouveau les résolutions de

sont des fruits de la société d'aujourd'hui et ne disparaîtront qu'avec elle. On peut phraser contre la guerre, on ne saurait la supprimer dans une société basée sur les classes et leur antagonisme. Laissant aux bourgeois philanthropes leur vaine propagande, l'Internationale a constaté que, puisque la guerre est la loi de la société capitaliste, il n'y avait pas à greffer une campagne militariste spéciale sur la campagne générale contre le capitalisme et elle a dit aux travailleurs : si vous voulez la paix, venez au parti socialiste ; il est le seul parti de la paix, le seul qui veuille et puisse la paix. La proposition a été encore repoussée comme contre-révolutionnaire. On a

Congrès internationaux antérieurs : 1° pour l'action contre le militarisme et l'impérialisme qui ne sont autre chose que l'armement organisé de l'État pour le maintien de la classe ouvrière sous le joug économique et politique de la classe capitaliste ; 2° pour rappeler à la classe ouvrière de tous les pays qu'un gouvernement ne peut menacer l'indépendance d'une nation étrangère sans attentat contre cette nation, sa classe ouvrière et aussi contre la classe ouvrière internationale ; que la nation et sa classe ouvrière menacées ont le droit impérieux de sauvegarder leur indépendance et autonomie contre cet attentat et le droit de compter sur le concours de la classe ouvrière de tous les autres pays ; que la politique antimilitariste et uniquement défensive du parti socialiste lui commande de poursuivre à cet effet le désarmement militaire de la bourgeoisie et l'armement de la classe ouvrière par l'armement général du peuple.

Deuxième motion. — Le Congrès, confirmant les décisions des précédents Congrès internationaux et du Bureau international, considère la solidarité internationale des prolétaires et des socialistes de toutes les nations comme leur premier devoir ; leur rappelle qu'au 1er mai ils manifestent chaque année pour elle et sa première conséquence nécessaire, le maintien de la paix internationale ; et, au moment où, en présence de la Révolution russe naissante, du tzarisme aux abois et des impérialismes voisins songeant à le secourir ; où, devant les entreprises et pirateries capitalistes et coloniales incessantes, le Bureau internationaltet la Conférence interparlementaire ont dû, avec l'assentiment des paris socialistes de tous les pays, prendre les dispositions nécessaires pour réunir leurs délégués et les mettre à même, en cas de conflit international menaçant, de décider les mesures pour la prévenir et l'empêcher ; les invite à rendre possible l'effet de ces décisions au moyen de l'organisation ouvrière socialiste nationale et internationale d'une action préparée, ordonnée et combinée, qui mette en chaque pays tout d'abord dans les pays concernés, et suivant les circonstances, en activité toute l'énergie et tout l'effort de la classe ouvrière et du parti socialiste pour la prévention et l'empêchement de la guerre par tous les moyens, depuis l'intervention parlementaire, l'agitation publique, les manifestations populaires, jusqu'à la grève générale ouvrière et à l'insurrection.

fait remarquer que, si jamais elle avait été admise dans un moment de folie, en désorganisant la défense dans le pays le plus socialiste au profit du pays qui en compterait le moins, ce qu'on aurait assuré, c'est l'écrasement du socialisme. Même si des engagements formels pouvaient être pris en vue de cette grève combinée, ce ne pourrait être qu'une duperie réciproque, un grand inconnu ouvert contre la révolution. C'est pourquoi on n'en a pas voulu alors, et pourquoi on n'en voudra pas davantage aujourd'hui.

Lorsque j'entends parler d'insurrection à opposer à une guerre déclarée, moi qui, ne cherchant ni votes ni applaudissements, n'ai jamais vu et ne verrai jamais de solution au problème social que dans l'insurrection, je dis que s'il y a un seul moment où elle est impossible, c'est lors d'une déclaration de guerre, lorsque le péril commun fait taire toutes les autres préoccupations. Elle est, en tous cas, bien plus possible en temps de paix. Et cette insurrection que le prolétariat ne fait pas pour la reprise des usines, des machines et autres moyens de production, que vous ne lui demandez pas alors qu'il lui suffirait de vouloir pour s'affranchir et affranchir l'humanité, vous lui en feriez un devoir seulement pour mettre sa peau à l'abri le jour de l'ouverture des hostilités ? Ce jour-là, il pourra bien y avoir des francs-fileurs, il n'y aura pas de révolutionnaires.

J'en appelle à Vaillant, on a essayé de cette insurrection en 1870. Et qu'est-ce que nous avons vu ? La population de Paris prenant au collet les insurgés et voulant les coller au mur comme espions prussiens. En parlant d'insurrection à de pareils moments, vous entretenez une illusion dangereuse dans les cerveaux ouvriers ; vous acculez les travailleurs à une action que les meilleurs tenteront et qui ne pourra les mener qu'à l'écrasement.

D'ailleurs, si l'insurrection était possible, il ne faudrait pas en avertir l'ennemi. Dire à l'avance aux gouvernants que le jour de la déclaration de guerre sera le jour de l'insurrection, c'est comme si vous désigniez à l'arrestation et à la fusillade tous ceux qui seront jugés capables d'une tentative aussi héroïque qu'inutile.

Ne nous payons pas de mots, ne trompons pas le prolétariat, ne jouons pas à Stuttgard le rôle ridicule d'apporter au problème de la lutte contre la guerre des solutions sans réalités.

Je suis aussi antimilitariste que vous. Mais ce n'est que dans le socialisme développé, grandi, devenu tout-puissant que nous trouverons la fin du militarisme. Tout ce qui éloigne de la propagande vraiment socialiste éloigne de cette fin.

En en proposant une autre à la classe ouvrière, on la détourne du véritable but, du véritable ennemi à frapper, de l'État à conquérir. C'est toujours la même duperie anarchiste : laissons les bourgeois s'installer au pouvoir et, s'ils s'avisent de déclarer la guerre, révoltons-nous ! Alors que ce qu'il faut dire au prolétaire, c'est : prends le gouvernement, chasse les bourgeois du pouvoir, et la guerre aura vécu. Avec cet anti-militarisme de fantaisie, limité et renvoyé au cas de guerre, vous empêchez le travailleur de faire son devoir en temps de paix.

Nadi est venu nous dire : cet état d'esprit se répand jusque dans les campagnes ; j'ai entendu, non seulement des ouvriers, mais des paysans se déclarer hervéistes.

Peut-être. Mais pourquoi pas ? Parce que ce qui domine dans la société d'aujourd'hui, c'est l'individualisme, la préoccupation exclusive du moi, et dès que vous faites entrevoir la possibilité d'échapper à un service (la caserne) ou à un danger (la guerre), simplement, en s'abstenant, et, puisqu'il suffit pour être un héros, de franc-filer, on franc-filera, refusant d'aller « se faire trouer la peau pour défendre la propriété capitaliste ». Mais depuis quand est-ce la propriété capitaliste qu'on est appelé à défendre dans les guerres modernes ? La propriété, toutes les propriétés, mais elles planent au-dessus de la guerre ; ni la propriété mobilière, ni la propriété industrielle, ni la propriété terrienne ne sont menacées ; le capital a été mis hors des atteintes de la guerre. Si vous dites aux prolétaires que c'est pour le défendre qu'ils vont se faire tuer, vous leur mentez.

Demandez donc aux patrons, aux propriétaires, aux rentiers de l'Alsace s'ils ont perdu un seul centime à l'an-

nexion. C'est avec des mensonges de ce calibre qu'on crée
une atmosphère d'antimilitarisme contre le socialisme.

On dit encore au paysan, à l'ouvrier: tu n'as pas de
patrie. On pouvait le lui dire avant 1848. On ne le peut
plus aujourd'hui. Depuis 1848, depuis que le suffrage
universel a été mis dans sa main comme une arme, le
prolétaire a une patrie, et, s'il n'en jouit pas, c'est sa
faute. Les usines, les mines, les chemins de fer, tout lui
appartient, mais il n'a pas encore su faire l'effort nécessaire pour entrer en possession. Lui dire qu'il n'a point
de patrie, c'est encore lui mentir; il en a une. Seulement, trompé par les manœuvres de la bourgeoisie, égaré
par l'abstention anarchiste, il s'est refusé jusqu'ici, en
prenant le pouvoir, à rentrer dans sa propriété.

Il y a encore d'autre faits qu'il conviendrait de ne pas
dénaturer. On a parlé ici des nations comme de quelque
chose, soit de purement artificiel, soit de purement réactionnaire. Mais les nations sont quelque chose de considérable dans l'évolution de l'humanité; elles sont une étape
sur la route de la grande patrie humaine. Et le rôle qu'elles
jouent aujourd'hui ne sera pas épuisé demain. Je salue les
nations constituées qui me permettent de parler, d'ores et
déjà, d'internation et d'entrevoir et de poursuivre la
nation unique de l'avenir. Et après avoir mis les camarades en garde contre un antimilitarisme déviateur, lâchant
l'État pour la seule caserne, je me permettrai de leur
signaler un internationalisme non moins dangereux : c'est
celui qui consiste à tout renvoyer ou conditionner à un
mouvement international, même ce qui est de pouvoir et,
par suite, de devoir national.

Notre devoir national, c'est de faire la révolution sociale
chez nous. Le prolétariat de France n'a pas barre sur le
capitalisme allemand, mais il a barre sur les usines et sur
le patronat français.

Devant chaque prolétariat national, il y a une partie de
la bourgeoisie internationale à exproprier. Chaque prolétariat est comptable devant le prolétariat de tous les pays
de sa bourgeoisie à lui. Quand, sous prétexte d'horizons
plus vastes et d'action plus décisive, vous faites oublier à
la classe ouvrière son champ national, sa dette envers la

classe ouvrière des autres nations, vous faites encore et toujours œuvre antisocialiste et antirévolutionnaire.

J'ai indiqué déjà la partie de la motion Vaillant que je ne puis accepter. Il ne me reste qu'à lire, au nom de la Fédération du Nord, la résolution qu'elle propose :

*Le Congrès rappelle à tous les travailleurs, décidés à ne se prêter à aucune tuerie internationale, qu'ils ont mieux à faire que d'attendre une déclaration de guerre pour lui opposer une insurrection tardive et problématique. Ils ont à ne pas remettre à l'ennemi, à la bourgeoisie capitaliste pour qui la guerre peut être une source de profits, le gouvernement qui dépend d'eux, de leur nombre et de leur force, et à se saisir, pour leur classe, du pouvoir politique devenu entre leurs mains, en même temps que la garantie suprême de la paix, l'instrument de leur complet et définitif affranchissement.*

*Le Congrès décide en outre de s'en référer, à Stuttgart, aux résolutions des Congrès internationaux (Paris, 1889, Bruxelles, 1891, Zurich, 1893, etc.,) qui portent, en substance, que la guerre et le militarisme sont des effets naturels et nécessaires du régime capitaliste qui ne peuvent disparaître qu'avec ce régime lui-même, et que, par conséquent, la seule campagne pour la paix et contre le militarisme (qui ne se retourne pas au profit du militarisme et de la guerre) est la campagne socialiste qui organise les travailleurs du monde entier pour la destruction du capitalisme, et qu'en attendant c'est dans la réduction du service militaire poursuivie internationalement, dans le refus simultané de tout crédit pour la guerre, la marine et les colonies, et dans l'armement général du peuple substitué à l'armée permanente, que le parti socialiste doit exercer son action internationale.*

---

J'ai dû faire, à la motion Vaillant, la réserve que me dictait ma conscience socialiste ; je ne l'ai pas attaquée. Je n'ai pas dit qu'il y eût un moyen qu'on ne doive pas employer. Mais pourquoi parler d'insurrection uniquement à propos d'un événement aussi problématique

que la guerre, alors que ce mot ne figure dans aucune déclaration du parti, même quand il s'agit de la transformation générale de la société ? Je suis persuadé, quant à moi, que c'est insurrectionnellement que se fera la révolution sociale. Mais en présentant l'insurrection comme un acte limité au cas de guerre, on complique notre propagande et notre recrutement dans certains milieux. Nous nous fermons les pays frontières, plus préoccupés d'une invasion possible ; notre action est déjà assez difficile pour ne pas lui créer des obstacles inutiles.

Quant à ce que dit Hervé, évidemment je suis figé dans l'immobilisme, puisque je me préoccupe de créer des conditions qui permettent au parti de porter ses adhérents à 200.000 et ses suffrages à 5 millions ! Mais comme je n'en demeure pas moins persuadé qu'actuellement toute l'action révolutionnaire est dans notre propagande et notre recrutement, je persiste à demander qu'on n'use pas de termes qui se retournent contre nous.

---

Je remercie Jaurès de sa leçon d'histoire, mais je ne croyais pas avoir ici une conférence à faire. Je me suis borné à indiquer des sommets, sans historique et sans détails. Ce que j'ai voulu dans ma motion, c'est, au lieu d'éparpiller le cerveau prolétarien, le ramener, le concentrer sur le point essentiel : à savoir qu'en dehors de la prise du pouvoir et de l'établissement du collectivisme, il n'y aura pas de cessation de la guerre. Cette idée-là, il faut qu'elle paraisse dans toutes nos déclarations, parce que c'est l'idée libératrice.

Mais ma motion ne signifie pas que, jusqu'au moment de la révolution accomplie, il n'y a qu'à se croiser les bras. Qu'est-ce que j'ai donc fait en énumérant les mesures préconisées par l'Internationale ouvrière ? J'en ai donné la substance : le refus des crédits militaires, la suppression des armées permanentes et l'armement général du peuple, et surtout, le grandissement constant du socialisme. C'est cela qui est la meilleure garantie contre la guerre. Dix socialistes de plus par jour, c'est plus

contre la guerre que toutes les pétarades de l'anti-milita·
risme d'à-côté.

Mon unique réserve à la motion Vaillant, je la main·
tiens. Je dis que ce n'est pas à propos de la guerre qu'il
faut parler d'insurrection, bien plus possible en temps de
paix. Vous vous préoccupez de ce que le prolétariat aura
à faire en temps de guerre ; préoccupez-vous donc de ce
qu'il lui faut faire dès aujourd'hui en temps de paix ! Ce
sont les bourgeois, bien gavés, qui prêtent aux prolétaires leur horreur de la guerre. Mais la paix, pour les
prolétaires, est plus cruelle que la guerre. Ah ! les millions de cadavres, de blessés, de veuves, d'orphelins, c'est
dans la paix qu'ils s'entassent et l'industrie moderne est
un immense champ de massacre. Si, contre tout cet amas
de souffrances dont est faite la paix, malgré toute notre
propagande le prolétariat n'est pas actuellement capable
de s'insurger pour s'affranchir, il en sera encore moins
capable contre la guerre, au moment de la guerre.

Vous ne parlez pas, m'a dit Sembat, du 4 septembre.
C'est que cette insurrection victorieuse est fille de la
défaite. Elle vient après les désastres qui l'ont provoquée,
tandis que, telle que l'a présentée Vaillant, et telle qu'elle
figure dans la motion de la Seine, l'insurrection devrait
éclater avec la guerre. Comme lendemain de revers, elle
est dans la tradition, non seulement de la France, mais de
tous les peuples. Ce sont les désastres de Mandchourie,
hier encore, qui engendraient la révolution russe.

Quand un parti comme le nôtre parle d'insurrection, je
dis que ce ne doit pas être dans des conditions de temps
et d'espace qui faussent la propagande et entravent le
recrutement socialiste en fournissant des arguments à
l'ennemi.

La nécessité insurrectionnelle doit être mise sous les
yeux de tous les jours des travailleurs.

Vous ne réussirez pas à la faire comprendre en la réser-
vant à un moment spécial, en la noyant dans les brouil-
lards de l'horizon.

# ENCORE L'ANTIMILITARISME[1]

La question que nous avons à traiter n'a pas été introduite par nous, mais inscrite par l'Internationale ouvrière à l'ordre du jour du Congrès de Stuttgard. Il ne s'agit pas de l'antimilitarisme en lui-même, la presque totalité des partis socialistes s'étant bien gardée de s'embarrasser d'un pareil problème. Je n'ignore pas qu'ils sont vieux jeu, qu'ils sont « étroits », ainsi que le disait la citoyenne Pelletier; mais que voulez-vous? En dehors du parti socialiste français, on fait du socialisme et on ne fait que du socialisme . Nous sommes, nous, des socialistes d'une espèce particulière, faisant en général de tout, sauf du socialisme. C'est ainsi que nous avons fait de l'anticléricalisme, en veux-tu, en voilà... *(Interruptions.)* L'anticléricalisme se trouvant remisé par l'affranchissement des consciences sorti tout récemment de la séparation de l'Église et de l'État, nous voici passés à un autre anti: l'antimilitarisme. Mais je répète que ce que je tiens pour une maladie n'a pas jusqu'à présent gagné les autres pays, et la question posée à Stuttgard est la suivante : *Le militarisme et les conflits internationaux.* » Ce n'est donc pas même du militarisme en général que nous avons à nous occuper, mais seulement du militarisme au point de vue extérieur. L'autre côté du militarisme, celui qui vise les conflits intérieurs, la lutte de classe dans chaque pays, est hors de cause; et c'est — je suis heureux de le

---

1. Congrès national de Nancy (1907); extrait du compte rendu *in extenso.*

constater — celui sur lequel nous sommes tous d'accord, en face duquel il n'y a ni droite, ni gauche, ni centre dans le parti. Chacun de nous ayant toujours dit, dans sa fraction autrefois, comme dans l'unité aujourd'hui, que jamais un travailleur transformé momentanément en soldat ne devait se servir de ses armes contre ses frères de travail. (*Approbation.*)

Ceci entendu, nous avons le droit et le devoir de nous demander si l'ancienne motion de la Seine, devenue par son adoption la motion de Limoges, peut être présentée et soutenue à Stuttgard par le parti socialiste français.

Ceux qui pensent le contraire et lui opposent la motion de la Dordogne [1] reprochent à la motion de Limoges d'être confuse et surtout contradictoire ; ils lui reprochent encore de ne pas tenir compte des faits.

Confuse et contradictoire, ai-je dit. Et je signale immédiatement l'opposition absolue qui existe entre la pre-

1. Ainsi conçue (et devant recevoir au vote 123 voix contre 175) :

Considérant que le militarisme, ainsi que l'ont reconnu et proclamé tous les Congrès internationaux, est l'effet naturel et nécessaire du régime capitaliste basé sur l'antagonisme des intérêts et des classes, et qu'il ne saurait disparaître qu'avec sa cause même : le régime capitaliste ;

Considérant, par suite, qu'en concentrant tous les efforts des travailleurs sur la suppression du militarisme dans la société actuelle, on fait, qu'on le veuille ou nom, œuvre de conservation sociale en détournant la classe ouvrière de ce qui devrait être son unique préoccupation : la prise du pouvoir politique pour l'expropriation capitaliste et l'appropriation sociale des moyens de production ;

Considérant, d'autre part, que les moyens préconisés par cet antimilitarisme dupe ou complice (depuis la désertion et la grève militaire jusqu'à l'insurrection) ne font que compliquer et rendre plus difficiles la propagande et le recrutement socialiste, éloignant ainsi le moment où le prolétariat sera suffisamment organisé et fort pour en finir, par la révolution sociale, avec tout militarisme et toute guerre ;

Le Congrès déclare que la seule campagne contre le militarisme et pour la paix que ne soit pas une utopie ou un péril est la campagne socialiste qui organise les travailleurs du monde entier pour la destruction du capitalisme ; et qu'en attendant c'est par la réduction du service militaire poursuivie internationalement, par le refus simultané de tout crédit pour la guerre, la marine et les colonies et par l'armement général du peuple substitué à l'armée permanente, que pourront être conjurés, dans la mesure du possible, les conflits internationaux.

mière et la deuxième de ses parties. La première partie va très au delà de ce que nous demandons nous-mêmes, au delà de ce qu'on prête, comme intention de défensive nationale, à ceux qu'on appelle depuis quelque temps la droite du parti. (*Protestations.*) C'est une motion, non pas antipatriotique, mais surpatriotique ; elle dépasse, en effet, le patriotisme ordinaire, en déclarant, par exemple, qu'au cas où la France serait attaquée, non seulement le prolétariat français devra répondre présent, courir à la frontière, repousser l'agression, mais qu'il devra être aidé, dans cette besogne nationale, par les prolétariats voisins, par les prolétariats de Belgique, d'Espagne, d'Italie. Impossible d'être en contradiction plus flagrante avec la motion de l'Yonne qui veut, elle, que de quelque côté que vienne la guerre, qu'elle soit défensive ou offensive, on ne distingue pas, et qu'à la déclaration de guerre il soit répondu par la grève militaire et l'insurrection.

Il y a entre les deux motions un abîme que rien ne saurait combler, que je défie, en tous cas, de combler par des arguments, si on va tout à l'heure le combler par des votes.

A cette première partie de la motion de Limoges, si vous décidiez de la maintenir pour la porter au Congrès international, la Fédération du Nord ne ferait aucune difficulté pour se rallier, et nous pourrions aller à Stuttgard, non point divisés, mais unis.

Mais il y a une autre partie. Après avoir dit : il faudra, dans le lcas, courir à la frontière, dans la seconde partie, on ne spécifie plus aucun cas et l'on parle, contre toute guerre déclarée, d'employer tous les moyens jusqu'à la grève générale ouvrière et à l'insurrection. Comprenne qui pourra ! Si on fait la grève générale, on ne court pas à la frontière, et si on court à la frontière, on ne fait pas l'insurrection.

Pour sortir de ce chaos, il faudrait rétablir, dans la deuxième partie de la motion, la distinction en matière de guerre faite dans la première partie. Il ne subsisterait plus alors, contre la motion dans son ensemble, que l'objection que je faisais à Limoges, c'est-à-dire que le seul moment où une insurrection soit presque complètement impossible, c'est précisément lors d'une déclaration de guerre. Pouvons-nous, en conscience, en tenant un pareil langage, donner à croire au prolétariat que ce recours à l'insurrection — qui a été de droit bourgeois et qui est de droit ouvrier — il ne devra l'exercer qu'au moment où précisément il ne pourra pas l'exercer? C'est contre cela que j'avais protesté à Limoges et que je proteste encore ici. Si nous inscrivons dans les résolutions de nos Congrès — et j'en suis — le droit à l'insurrection, que ce soit pour l'affranchissement du travail! Il faut dire que le pouvoir politique, qui est l'instrument nécessaire de cet affranchissement, nous devons être prêts à nous en emparer par tous les moyens, depuis le bulletin de vote jusqu'à la grève générale et à l'insurrection.

C'est dans ces conditions qu'il faut l'invoquer, parce que c'est ainsi qu'il a toujours été exercé dans le passé et qu'il s'exercera encore dans l'avenir. C'est contre la classe capitaliste réfugiée dans l'État, c'est pour la prise de l'État, pour la transformation de la propriété, pour la Révolution sociale, que chaque travailleur doit devenir à l'occasion un insurgé, et pas quand il s'agira de sauver sa peau, de la mettre à l'abri des balles étrangères en l'exposant aux balles françaises. (*Applaudissements.*)

Il y a un autre point sur lequel je dois, en terminant, appeler l'attention du Congrès: c'est que nous ne sommes plus à Nancy ce que nous étions à Limoges ; depuis notre dernier Congrès, un fait nouveau s'est produit, qui nous permet et nous commande une certaine revision. Je parle de la déclaration de la démocratie socialiste allemande, rédigée par Bebel, dans laquelle il dit en toutes lettres que nos camarades d'outre-Vosges entendent contribuer à la défensive de l'Allemagne. On ne répondra pas à une déclaration de guerre de M. Clemenceau ou de M. Picquart par la grève générale ouvrière ou par l'insurrection: on courra aux armes, on prendra des fusils, et on marchera.

Si l'Allemagne est attaquée, les socialistes allemands la défendront, et si la France est attaquée, vous donneriez à entendre que les socialistes français la désarmeraient et la livreraient ! Aller à Stuttgard dans de pareilles conditions (*Interruptions*), ce serait nous fermer les milieux

ouvriers, paralyser notre propagande, partout poursuivie par cette accusation de haute trahison. Et je ne puis
pas croire qu'il se trouvera ici une majorité assez ennemie du socialisme pour le mettre gratuitement dans une
aussi fausse et aussi dangereuse posture. *(Applaudissements et protestations.)*

---

Je voudrais répondre à deux ou trois griefs qui ont été
formulés contre la motion de la Dordogne. J'ai montré
hier tout ce qu'il y avait d'équivoque et, selon nous, de
contradictoire dans la motion de Limoges, ce qu'il y avait,
en un mot, de non présentable à un Congrès international
comme celui de Stuttgard.

On a dit—c'est un des reproches qui m'a le plus touché,
je l'ai trouvé dans la bouche de Renaudel et dans celle de
Jaurès — que la motion de la Dordogne était une motion
d'immobilité et d'inaction.

Je ne crois pas qu'un pareil reproche puisse lui être
sérieusement adressé. Renaudel s'est borné à lire le premier considérant, qui, comme tout considérant d'ordre
expérimental ou théorique, s'il implique une action con-
forme, laisse nécessairement, à la conclusion à venir, le
soin de la déterminer.

Après avoir lu : « Considérant que le militarisme est
l'effet naturel et nécessaire du régime capitaliste basé sur
l'antagonisme des intérêts et des classes et qu'il ne saurait disparaître qu'avec sa cause même : le régime capitaliste... », vous vous êtes arrêté à cette constatation, que je
ne suis pas seul à faire, que vous retrouverez dans la
motion de Bebel dont Jaurès a donné lecture. Jaurès lui-
même, je ne dis pas a dû constater, mais a constaté à son
tour que, tant que le régime capitaliste n'aura pas disparu,
il y aura des risques de guerre, parce que c'est l'antagonisme des intérêts qui est la base de la société actuelle. Et
parce qu'elle rappelle cette vérité socialiste, qui n'est con-
testée par personne, notre motion impliquerait l'inaction ?
Inaction, quand, comme « campagne contre le militarisme et pour la paix », elle conclut à la « campagne socia-

liste qui organise les travailleurs du monde entier pour la destruction du capitalisme » !

Organiser les travailleurs, ce ne serait pas agir, alors que c'est la seule action qui incombe au parti socialiste, qu'il n'en a pas d'autres à exercer? J'avoue ne pas comprendre. Et j'ajoute que quand vous avez fait un socialiste, cela vaut mieux que de faire vingt antimilitaristes à la Hervé (j'en demande pardon à Hervé que je n'ai nulle intention de blesser) qui ne songent qu'à ne pas se faire trouer la peau pour la défense d'un pays qu'ils n'ont pas eu le courage de conquérir.

Mais il y a autre chose dans notre motion. Elle déclare — ce qu'a toujours déclaré l'Internationale — que pour conjurer les conflits internationaux il y a lieu de poursuivre, en même temps que la suppression des armées permanentes et l'armement général du peuple, la réduction simultanée du temps de service militaire... Et je demande si en réduisant la servitude militaire de sept à cinq ans, puis à trois ans, puis à deux ans, on n'a pas déjà pris des garanties contre la guerre? Je demande si on n'a pas ainsi démilitarisé le régime capitaliste dans des proportions plus considérables que par toutes les pétarades antimilitaristes de ces derniers temps? C'est d'ailleurs avec vous que nous avons commencé cette grande campagne de désarmement progressif de la classe capitaliste et d'armement du prolétariat. Et aujourd'hui ce ne serait plus de l'action?

Vaillant. — C'est une part de l'action.

Jules Guesde. — Vous allez voir que notre inaction va être tout à l'heure composée de toute espèce de parts d'action; j'accepte, bien entendu, cette nouvelle définition. (*Rires.*)

Où Jaurès a eu raison — et je n'ai pas attendu pour le reconnaître — c'est lorsqu'il a parlé du refus des crédits militaires comme dénué de portée effective, sinon morale, et constituant une protestation plutôt platonique. Mais cette réserve faite — et que je n'hésite pas à confirmer — sur un des points que nous nous sommes bornés à emprunter aux Congrès internationaux précédents, il n'en résulte pas moins que la motion de la Dordogne est le contraire de l'inaction.

Deux des considérants de la même motion ont été, d'autre part, attaqués comme inexacts ou injustes ; ce sont ceux qui s'expriment ainsi :

« Considérant, par suite, qu'en concentrant tous les efforts des travailleurs sur la suppression du militarisme dans la société actuelle, on fait, qu'on le veuille ou non, œuvre de conservation sociale en détournant la classe ouvrière de ce qui devrait être son unique préoccupation : la reprise du pouvoir politique pour l'expropriation capitaliste et l'appropriation des moyens de production ;

» Considérant, d'autre part, que les moyens préconisés par cet antimilitarisme dupe ou complice (depuis la désertion et la grève militaire jusqu'à l'insurrection) ne font que compliquer et rendre plus difficile la propagande et le recrutement socialiste, éloignant ainsi le moment où le prolétariat sera suffisamment organisé et fort pour en finir par la Révolution sociale avec tout militarisme et toute guerre. »

Ce n'est pas nous, ce sont les faits qui portent ce double témoignage. Si je consulte la statistique de nos fédérations, telle qu'elle a paru dans l'organe du parti, qu'est-ce que je vois ? Que les socialistes organisés qui étaient dans l'Yonne au nombre de 576 l'année dernière, sont tombés à 397 cette année. Dans la Seine-Inférieure, ils étaient 400 l'année dernière, ils ne sont plus cette année que 250. C'est le résultat de la propagande que vous avez « compliquée », du recrutement que vous avez rendu plus « difficile ». Vous croissez à reculons : au lieu d'une classe ouvrière renforcée dans son organisation de combat, vous avez des forces prolétariennes réduites. Et comment pourrait-il en être autrement ? Si je mets en cause Hervé, ce n'est pas que je veuille le froisser — m'étant toujours abstenu, avec le plus grand soin, de toute parole qui pût être jugée offensante par un membre du parti — mais enfin, il sera lui-même bien obligé d'avouer que son langage n'est pas pour aider à la pénétration socialiste dans l'armée. Pénétration pourtant nécessaire, Jaurès l'a dit et d'autres l'ont dit : ce n'est que dans la mesure où le socialisme aura été introduit dans l'armée que l'armée pourra être retournée et la Révolution s'opérer.

Croyez-vous, d'autre part, que vous allez ouvrir à notre action, nous amener, non seulement les régions frontières comme l'Est, mais les familles ouvrières qui ont des leurs sous les drapeaux au Maroc, lorsque dans votre *Guerre sociale* vous écrivez des choses comme celle-ci: « Il ne nous reste qu'à vous souhaiter, pioupious de France, d'être reçus là-bas comme vos congénères italiens furent reçus, il y a dix ans, dans les montagnes d'Abyssinie par les troupes du Négus, ou de crever par milliers sur les routes du Maroc comme crevèrent naguère vos aînés sur les routes de Madagascar. »

VARENNE. — C'est odieux !

Ce n'est pas, en tout cas, ainsi que vous socialiserez l'armée ! Et je maintiens qu'une pareille propagande, la motion de la Dordogne a raison de la dénoncer comme constituant plus qu'une déviation, un obstacle insurmontable à l'extension du mouvement socialiste et de nature à reculer l'heure de la Révolution sociale.

Jaurès a beaucoup insisté sur ce point que les moyens préconisés par nous contre la guerre ne seraient pas des moyens, allant presque jusqu'à nous accuser de faire le jeu de l'anti-militarisme tel que le conçoit et le pratique Hervé, en n'offrant pas au besoin d'action de la classe ouvrière, en cette matière, un aliment suffisant. Il est vrai que nous n'avons pas fait mention — et peut-être aurions-nous dû le faire — de la réunion d'urgence du Bureau international décidée pour dès la menace d'un conflit. C'est que, pour nous, comme le déclarait Delary, les décisions prises par le parti — et à plus forte raison par l'ensemble des partis socialistes — sont tellement impératives, tellement vivantes, que nous n'éprouvons pas le besoin de les rappeler, surtout lorsqu'elles sont d'hier, comme celle dont je parle. Mais, pour nous, il est toujours resté entendu que dès que l'horizon viendrait à se troubler, que se formeront les premiers nuages, il y aurait lieu à réunir le Bureau international pour aviser à ce que l'on pourra faire et que ce sera toujours le maximum de ce qu'on pourra faire qui devra être fait. De ce côté-là, par suite, le reproche d'inaction n'est pas mieux fondé.

Mais, ajoute Jaurès, il faut que cette action contre la guerre, pour la paix, soit déterminée comme devant aller jusqu'à l'extrème, jusqu'à l'insurrection, et c'est pourquoi il y a lieu de voter la deuxième partie de la motion de Limoges. Et moi, je demande comment et pourquoi cette action ouvrière socialiste, que vous voulez affirmer devoir être poussée jusqu'à l'insurrection contre la guerre, contre une guerre problématique, lointaine et qui ne viendra peut-être jamais, vous ne la poussez pas, dans vos formules et dans vos déclarations, jusqu'à l'insurrection, lorsqu'il s'agit de l'exploitation capitaliste à faire disparaître, en arrachant le pouvoir politique à la bourgeoisie pour socialiser la propriété. Il y a là quelque chose de vraiment étrange et sur quoi je dois insister: vous ne demandez au prolétariat d'être héroïque, de se préparer à une Révolution violente que pour le cas où la paix serait en péril, qu'en vue de sa peau à défendre, et vous ne lui demandez pas d'être héroïque, de se préparer à la même Révolution violente, pour sa complète libération, dès qu'il le pourra ! (*Applaudissements.*)

VAILLANT. — Nous l'avons toujours demandé.

JULES GUESDE. — Vous ne l'avez mis dans aucune résolution de Congrès socialiste. Si vous voulez réparer cette omission, ce n'est pas moi qui m'y opposerai ; je vous proposerais alors d'intercaler l'action insurrectionnelle dans la motion même que nous allons voter et qui pourrait être libellée comme suit.

Après avoir rappelé que la guerre ne sera définitivement conjurée que par l'avènement de l'ordre socialiste et que cet ordre socialiste exige la conquête du pouvoir politique par les travailleurs organisés, on dirait :

«... C'est pour cette prise indispensable du pouvoir politique que tous les moyens doivent être employés selon les circonstances, depuis le bulletin de vote jusques et y compris l'insurrection, qui est de droit et de devoir ouvrier, comme elle a été de droit et de devoir bourgeois.»

Mais, je le répète, ce que vous ne pouvez pas, ce que vous ne devez pas, c'est faire figurer l'insurrection là où elle ne serait qu'une phrase vide, une phrase compromettante, qui plus est, pour les camarades d'Allemagne et d'ailleurs. Je sais que Jaurès ne veut pas que nous soyons trop prudents au sujet des conséquences que certains mots peuvent avoir pour nos frères de l'autre côté des Vosges. Mais je ne suis pas de cet avis ; je crois, moi, qu'il y a lieu de faire pour Stuttgard ce que nous avons fait en 1889 au Congrès international de Paris, lorsque l'idée a surgi de mobiliser pour une démonstration monstre, le même jour, les travailleurs du monde entier. Nous avons tenu, avant tout, à consulter ceux qui, à ce moment en plein état de siège, étaient les plus menacés, les plus écrasés ; nous n'avons pas voulu les mettre dans l'alternative ou de s'abstenir et d'avoir l'air de se refuser à joindre l'Internationale en marche, ou de voter une motion qui pouvait se traduire pour eux et les leurs par de nouvelles années de prison ou d'exil. Et ce n'est que sur leur volonté préalablement exprimée de passer outre aux risques nouveaux qui pouvaient en résulter, que les Premier-Mai ont été institués. J'estime qu'il y a lieu de procéder de même aujourd'hui, que nous ne devons pas, avant de les avoir consultés, exposer nos amis d'Allemagne ou à paraître ne pas aller aussi loin que d'autres, alors qu'ils le voudraient peut-être sans le pouvoir, ou à se découvrir et à se faire décimer par de nouvelles lois d'exception retardant leur admirable mouvement. (*Approbation.*)

Il y a là, pour nous, un devoir international de premier ordre. Et, à cet effet, j'insiste pour que, dans la motion qui sera adoptée, l'on se borne à déclarer que « tous les moyens » devront être employés, sans en spécifier aucun, tous les moyens qui pourront être jugés nécessaires et possibles.

Jaurès a d'ailleurs trouvé, à un moment de son discours, une formule qui pourrait nous mettre d'accord et que je regrette de n'avoir pu sténographier, tellement elle répondait à ce que nous voulons. Résumant la première partie de la motion de Limoges sous une forme très nette et très imaginée, il disait que pour une guerre défensive, le prolétariat doit marcher, doit défendre, non pas le patrimoine de ses maîtres, le patrimoine de la classe ennemie, mais son patrimoine à lui, usines, machines, et autres moyens de production qui sont bien à lui. On ne saurait trop le répéter, en effet, tout cela, qui représente a patrie. appartient bien en puissance aux travailleurs de France qui, étant majorité et faisant loi. n'auraient — comme ils n'ont encore — pour entrer en possession et en jouissauce, qu'un geste à faire et un geste légal qui plus est ! (*Approbation.*) Libre à Hervé de faire fi de ce moyen électoral, de prétendre qu'il ne compte pas ; mais comme, pour le conquérir, les prolétaires ont versé — et verseront encore — leur sang ; comme la classe ennemie, d'autre part, a usé — et use encore par endroit — du fusil et du canon pour le leur refuser, vous arriverez difficilement à faire croire que l'objet d'un pareil conflit, d'une pareille lutte à outrance, est d'une importance secondaire.

Non ! le bulletin de vote, le suffrage universel constitue un stade considérable dont l'évolution de la classe ouvrière vers sa Révolution sociale (*Approbation.*) Ce n'est pas le suffrage universel, ce n'est pas le bulletin de vote qui peut être rendu responsable de sa stérilité relative ; c'est à la classe ouvrière qu'il convient de s'en prendre (*Applaudissements*); c'est elle qu'il y a lieu d'accuser, elle qui, ayant en mains une pareille arme, n'a pas su s'en servir, et — j'ajouterai — à qui il faut apprendre à s'en servir, au lieu de la détourner, comme quelques-uns le font aujourd'hui, de l'usage de cette arme — qu'elle a, sous prétexte d'autres — qu'elle ne possède pas. En opérant de la sorte, oui, on fait œuvre de conservation sociale. (*Approbation.*)

On est dupe ou complice, comme dit la motion de la Dordogne, du régime patronal ou capitaliste, que l'on aide à se maintenir.

Comme Jaurès, nous disons qu'en cas d'agression, le devoir du prolétariat est de se défendre, en défendant le pays assailli, mais cela ne signifie pas que, l'agression repoussée, on reviendra ensuite tranquillement reprendre sa place dans l'usine restée capitaliste. Ah ! mais non, camarades : armé, on saurait se servir de ses armes pour rendre à la nation l'ensemble des usines, mines, machines, qui constituent la patrie française défendue à la frontière, en mettant la main sur le gouvernement qui ouvre la porte sur cette nationalisation des moyens de production. (*Applaudissements.*)

En présence, au contraire, d'une guerre de conquète ou d'aventure, il y aurait lieu, comme le prévoit la dernière décision du Bureau international, de réunir d'urgence les représentants du prolétariat organisé pour prendre toutes les mesures susceptibles d'éviter le conflit.

Tel est le sens dans lequel, à mon avis, devrait être conçue la motion unique à présenter à Stuttgard [1], et à

1. Et tel est le sens dans lequel s'est prononcé le Congrès international de Stuttgard, en votant à l'unanimité la résolution suivante :

Le Congrès confirme les résolutions des précédents Congrès internationaux concernant l'action contre le militarisme et l'impérialisme et rappelle que l'action contre le militarisme ne peut pas être séparée de l'ensemble de l'action contre le capitalisme.

Les guerres entre Etats capitalistes sont en général les conséquences de leur concurrence sur le marché du monde, car chaque Etat ne tend pas seulement à s'assurer des débouchés, mais à en acquérir de nouveaux, principalement par l'asservissement des peuples étrangers et la confiscation de leurs terres.

Ces guerres résultent de la concurrence incessante provoquée par les armements du militarisme, qui est l'un des instruments principaux de la domination de la bourgeoisie et de l'asservissement économique et politique de la classe ouvrière.

Les guerres sont favorisées par les préjugés nationalistes, que l'on cultive systématiquement dans l'intérêt des classes dominantes, afin de détourner la masse prolétarienne de ses devoirs de classe et de ses devoirs de solidarité internationale.

Elles sont donc l'essence du capitalisme et ne cesseront que par la suppression du système capitaliste, ou bien quand la grandeur des sacrifices en hommes et en argent exigée par le développement de la technique militaire et la révolte provoquée par les armements auront poussé les peuples à renoncer à ce système.

La classe ouvrière, chez laquelle on recrute de préférence les combattants et qui, principalement, doit en supporter les sacrifices matériels, est l'adversaire naturel des guerres parce que celles-ci sont en contradiction avec le but qu'elle poursuit : la création d'un nouvel ordre économique, basé sur la conception socialiste destinée à traduire en réalité la solidarité des peuples.

C'est pourquoi le Congrès considère qu'il est du devoir de tous les travailleurs et de leurs mandataires dans les parlements, de combattre de toutes leurs forces les armements de terre et de mer, en signalant le

laquelle, avec la Fédération du Nord, je serais prêt à me rallier. Je le répète, si vous croyez qu'il y a lieu de faire cesser ce qui entre beaucoup d'entre nous n'est qu'un malentendu, prenez la forme nécessaire pour que ce malentendu disparaisse. Si vous voulez au contraire obtenir le vote le plus confusionniste qui aura jamais

caractère de classe de la société bourgeoise et les mobiles qui poussent au maintien des antagonistes nationaux, de refuser tout soutien pécuniaire à cette politique et, aussi, de s'appliquer à ce que la jeunesse prolétarienne soit élevée dans les idées socialistes de la fraternité des peuples et éveillée systématiquement à la conscience de classe.

Le Congrès voit dans l'organisation démocratique d'un système de milices, destiné à remplacer les armées permanentes, une garantie réelle rendant impossibles les guerres agressives et facilitant la disparition des antagonistes nationaux.

L'Internationale ne peut pas enfermer d'avance dans des formules rigides l'action nécessairement diverse, selon les temps et les milieux, des divers partis nationaux, mais elle a le devoir d'intensifier et de coordonner le plus possible les efforts de la classe ouvrière contre le militarisme et contre la guerre.

En fait, depuis le Congrès international de Bruxelles, le prolétariat, tout en poursuivant sa lutte incessante contre le militarisme par le refus des dépenses militaires et navales, par l'effort de démocratisation de l'armée, a recouru avec une vigueur et une efficacité croissantes aux moyens les plus variés pour prévenir les guerres ou pour y mettre un terme, ou pour faire servir à l'affranchissement de la classe ouvrière l'ébranlement communiqué par la guerre à toutes les couches sociales : ainsi, notamment, l'entente des trade-unions anglaises et des syndicats ouvriers français après la crise de Fachoda pour assurer la paix et rétablir les bons rapports entre la France et l'Angleterre ; l'action du parti socialiste au Parlement français et au Parlement allemand dans la crise du Maroc ; les manifestations populaires organisées à cet effet par les socialistes de France et d'Allemagne ; l'action concertée des socialistes autrichiens et des socialistes italiens réunis à Trieste pour prévenir un conflit entre les deux Etats ; l'intervention vigoureuse de la classe ouvrière de Suède pour empêcher une attaque contre la Norvège ; enfin, les héroïques sacrifices et combats de masse des socialistes, des ouvriers et paysans de Russie et de Pologne pour empêcher la guerre déchaînée par le tsarisme, pour y mettre un terme et pour faire jaillir de la crise la liberté des peuples de Russie et du prolétariat ; tous ces efforts, donc, attestent la puissance croissante de la classe ouvrière et son souci croissant de maintenir la paix par d'énergiques interventions.

L'action de la classe ouvrière sera d'autant plus efficace qu'une propagande incessante aura préparé les esprits à un vigoureux effort et que l'action des divers partis nationaux sera plus fortement stimulée et coordonnée par l'Internationale.

Le Congrès est convaincu en outre que, sous la pression du prolé-

existé, puisqu'il réunirait Hervé et Varenne, maintenez telle quelle la motion de Limoges. Mais ne vous étonnez pas que nous, qui entendons être un parti de clarté, fût-ce à l'état de minorité, nous soyons alors obligés de maintenir la motion de la Dordogne. (*Approbation.*)

tariat, la pratique sérieuse de l'arbitrage international se substituera, pour tous les litiges, aux pitoyables tentatives des gouvernements bourgeois, et qu'ainsi pourra être assuré aux peuples le bienfait du désarmement général qui permettra d'appliquer aux progrès de la civilisation les immenses ressources d'énergies et d'argent dévorées par les armements et par les guerres.

Le Congrès déclare :

Si une guerre menace d'éclater, c'est un devoir pour la classe ouvrière dans les pays concernés, c'est un devoir pour leurs représentants dans les Parlements, avec l'aide du Bureau international, force d'action et de coordination, de faire tous leurs efforts pour empêcher la guerre par tous les moyens qui leur paraissent les mieux appropriés et qui varient naturellement selon l'acuité de la lutte des classes et la situation politique générale.

Au cas où la guerre éclaterait néanmoins, ils ont le devoir d'intervenir pour la faire cesser promptement et d'utiliser de toutes leurs forces la crise économique et politique créée par la guerre pour agiter les couches populaires les plus profondes et précipiter la chute de la domination capitaliste.

# LA QUESTION AGRAIRE [1]

JULES GUESDE. — Camarades, appelé le dernier à prendre la parole dans ce débat, je voudrais résumer pour ainsi dire et le problème lui-même et les moyens divers qui ont été apportés ici en vue de le résoudre, non plus en paroles, mais en actes.

Le problème qu'a abordé le Congrès de Saint-Étienne, après le Congrès de Toulouse, est celui-ci : comment le socialisme peut-il et doit-il pénétrer dans les campagnes ? Comment est-il possible d'assurer, au prolétariat particulièrement industriel organisé et en mouvement pour son affranchissement et l'affranchissement de l'humanité entière, le concours de ceux de la terre, des paysans, qui en France représentent la moitié, 50 o/o, de la nation elle-même ?

C'est bien là tout le problème, et j'ai constaté avec joie que lorsqu'on examine, par le détail, lorsqu'on décompose en ses divers éléments cette population terrienne, nous sommes, tous ceux qui ont parlé sont d'accord sur la conduite à tenir à l'égard du plus grand nombre de ces éléments.

Vis-à-vis des dépossédés du sol, la propagande socialiste, l'action socialiste est et doit rester la même que vis-à-vis des dépossédés de l'industrie ou du commerce. Nous n'avons sur ce point aucune note nouvelle à donner.

Nous avons à tenir aux prolétaires de l'agriculture le langage que nous tenons aux prolétaires de l'industrie. Nous avons à leur expliquer que salariés, simple force de

1. Congrès national de Saint-Étienne (1909); extrait du compte rendu *in extenso*.

travail, marchandise-travail. ils ne peuvent rien espérer
de la société capitaliste, c'est-à-dire tant qu'ils resteront
à l'état de marchandise, et que la seule manière d'en finir
avec leur servitude qui tient à leur sans-propriété, c'est
d'arriver à la propriété, sous la seule forme où cette propriété puisse être accessible à l'ensemble des hommes :
la forme collective ou sociale. (*Approbation.*)

De ce côté-là, répétons-le, aucune différence entre la
propagande industrielle et la propagande agricole au
point de vue socialiste.

Un autre élément qui a été invoqué par le citoyen Compère-Morel et par d'autres délégués, c'est l'élément petit
fermier, métayer, colon. Mais ceux-là aussi sont des sans-
propriété, ceux-là aussi, pour travailler pour eux-mêmes,
sont obligés de travailler pour d'autres, qui ont monopo-
lisé le sol. Et pour ceux-là également, par suite, nous
avons à dire et à redire que leur misère ne cessera, ne
peut cesser, que lorsqu'ils auront été remis en possession, sous la forme sociale.

On l'a rappelé ici, le prélèvement qu'il leur faut subir
représente cinq fois plus que la dîme féodale d'avant 1789.
Ce qui ouvre la voie toute grande à notre action totale,
que nous n'avons qu'à continuer, sans innovation d'aucune sorte.

J'arrive à la grande propriété, à la propriété à fermiers
et à métayers. Et j'indique que pour cette propriété émi-
nemment capitaliste, il n'y a pas à conclure différemment
que pour la propriété capitaliste en général, qu'il s'agisse
d'usines où de mines, du sol ou du sous-sol. De ce côté-là
encore, il n'y a qu'une mesure à préconiser — en attendant l'acte, qui, je l'espère, ne se fera pas trop attendre —
c'est l'expropriation, la reprise par la société, le jour où
une force ouvrière, où une force prolétarienne suffisante
aura été constituée, qui en s'emparant du gouvernement,
en prenant le pouvoir, pourra et devra alors procéder à
cette reprise collective. (*Approbation.*) .

En réalité, la seule inconnue, le seul point d'interroga-
tion pour notre propagande, c'est la petite propriété, là
où, dans les campagnes, nous nous heurtons à un propriétaire qui est en même temps un travailleur; où nous ren-

controns réunis dans les mêmes mains, je ne dirai pas le capital et le travail (car ce morceau de terre-là n'est pas un véritable capital), mais la propriété et le travail, où le travailleur, quoique propriétaire, n'est pas un exploiteur, mais un exploité : exploité par lui-même, par le milieu capitaliste qui l'écrase, dans tous les actes d'achat et de vente auxquels il est condamné. Oui, ce sont ces trois millions de petits propriétaires travailleurs qui, évidemment constituent, non pas un écueil pour l'action socialiste, mais le problème qu'il nous faut résoudre pour que l'action socialiste puisse aboutir.

Cette petite propriété paysanne, pouvons-nous, comme il en a été question ici même, la confondre avec l'ensemble de la propriété capitaliste? Pouvons-nous l'assimiler aux grands domaines, à la propriété de ceux qui possèdent sans cultiver, sans travailler, en faisant cultiver et en faisant travailler? Je réponds sans hésiter: non. Je dis qu'il est impossible de faire une pareille confusion. D'abord, vous n'en avez pas le droit : là où la propriété et le travail sont réunis dans la même main, il n'y a pas lieu à reprise sociale, il n'y a pas lieu à expropriation. Cette expropriation-là serait un vol, ce qu'il y a de plus contraire à ce que poursuit le parti socialiste, qui n'a qu'un but : la restitution. (*Vive approbation.*) Là où la propriété a été arrachée au travail, notre devoir est de remettre cette propriété entre les mains des travailleurs. Nous sommes venus, je le répète, pour restituer et non pour prendre. (*Applaudissements.*) Et nous donnerions au socialisme figure de voleur si nous le présentions ou le laissions présenter comme voulant mettre sa main, même la main de la collectivité, de l'humanité, sur une propriété qui est cultivée, qui est travaillée par celui qui la possède et n'exploite que lui-même.

Mais vous ne le pouvez pas pour une autre raison encore: parce que ce serait aller contre l'émancipation générale de l'humanité, contre l'affranchissement du travail, contre la révolution sociale. En prêtant gratuitement au socialisme une pareille physionomie, cette attitude de menace vis-à-vis des petits propriétaires du sol, vous feriez une œuvre de conservation, de réaction sociale,

— 64 —

vous dresseriez, sur la voie du prolétariat organisé, un
obstacle insurmontable, les millions de fourches pay-
sannes derrière les fusils de l'obéissance passive, faisant
balle ou cible commune contre l'aboutissant révolutionnaire.

Vous ne le pouvez pas, vous ne le devez pas. Vous devez
aller au propriétaire paysan, la propagande socialiste
doit aller à lui, non pas en l'illusionnant sur le sort qui
l'attend — et qu'il ne dépend pas de nous de changer —
mais en dégageant le socialisme des violences qu'on lui
a prêtées contre Jacques Bonhomme.

Il faut lui dire ce qui est : « Ce n'est pas le socialisme
triomphant, ce n'est pas le prolétariat maître du pouvoir
politique, ce n'est pas la révolution sociale accomplie qui
t'enlèvera ton lopin de terre ; non, ce qui t'arrachera à ton
sol, si la révolution sociale ne venait pas assez vite, c'est
la concurrence de la grande propriété terrienne, ce sont
toutes les puissances dévorantes du capitalisme qui te
pénètre de plus en plus et t'enveloppe ; c'est cela qui fera le
divorce entre le sol et toi. Et nous, quand nous serons les
maîtres, nous nous présenterons à toi, non pas en spolia-
teurs, mais en libérateurs. Nous te libérerons de toutes
les charges qui pèsent aujourd'hui sur toi, nous te débar-
rasserons de l'usure, de l'impôt, de la dette chirogra-
phaire et hypothécaire ; tout cela nous l'enlèverons de
dessus tes épaules, allégées d'autant.

« Et malgré cela, dans la société de demain, il viendra
un moment, où, instruit par l'expérience (car le paysan
croit surtout, pour ne pas dire exclusivement, à l'expérience), quand tu verras la somme de liberté, quand tu
verras la somme de bien-être qui existe pour tes frères
d'aujourd'hui sur la terre devenue sociale, dans la grande
agriculture collective, c'est toi qui viendras demander
qu'on annexe ta parcelle de terre à la grande terre sociale,
à la grande terre collective, à la grande terre humaine. »
(*Vifs applaudissements.*)

Voilà le langage que la propagande socialiste doit tenir
au paysan propriétaire, si nous ne voulons pas, je le répète,
l'ajouter comme un obstacle aux autres obstacles que

le prolétariat en travail de révolution rencontre dans sa marche en avant, si nous voulons nous le rendre favorable, si nous voulons au moins obtenir sa neutralité. Je ne partage pas la manière de voir de Jaurès et d'autres camarades lorsque, parlant presque comme le ministre de l'Agriculture, ils nous disaient tout à l'heure : « Il n'est pas certain que la petite propriété soit condamnée, il n'est pas même démontré qu'elle ne se développera pas et ne pourra pas survivre à la présente société. » Mais j'observe que plus la petite propriété serait vivante, moins elle serait vouée à la mort et plus il serait nécessaire de la mettre dans notre jeu, ou, plus exactement, de ne pas la mettre dans le jeu de nos adversaires.

En effet, camarades, pourquoi ne pas le dire tout haut, ne m'en étant jamais caché ni dans nos Congrès, ni ailleurs — je suis resté un révolutionnaire, je suis resté un insurgé. Je crois et j'ai toujours cru que c'est violemment, par la force, que ce n'est pas pacifiquement, que ce n'est pas légalement que se fera la transformation... (*Vifs applaudissements sur certains bancs.*)

J'ai toujours soutenu et affirmé, instruit par les leçons de l'histoire — vous pouvez feuilleter toutes les pages de ce grand livre et vous ne trouverez à aucun moment une classe privilégiée qui se suicide : on la suicide — que le devoir du prolétariat, la fonction du prolétariat est de suicider la bourgeoisie capitaliste, qui ne s'en ira que le jour où vous l'aurez chassée. Et plus je crois à la solution révolutionnaire du problème social, plus j'attache et je dois attacher d'importance à ce que nous ne mettions pas contre nous, dans le coup d'épaule que nous aurons à donner, une partie aussi nombreuse du peuple des campagnes.

Je dis que l'intérêt des ouvriers des villes, l'intérêt de ceux qui sont décidés à aller jusqu'au bout de l'effort révolutionnaire pour l'affranchissement du travail et de la société, est de mettre de leur côté le monde de la terre.

Pour le salarié agricole, c'est chose facile, comme pour le petit fermier et le métayer. Reste le petit propriétaire et, je le répète, c'est en nous présentant à lui, sans lui dissimuler le sort qui l'attend... (*Approbation*), mais en l'appelant à s'organiser et à se défendre contre le milieu qui le tue et que nous sommes seuls à combattre ; c'est en prenant notre part de ses luttes avec les armes — si insuffisantes soient-elles — qui sont à sa portée et à la nôtre, que nous pouvons jeter le pont nécessaire entre lui et nous.

Ce qui n'est pas, mais pas du tout contradictoire avec la transformation générale de la société que nous devons toujours préconiser comme inéluctable aussi bien au paysan propriétaire qu'au journalier agricole, parce que, en le prenant par ses intérêts immédiats, nous ne le mettons pas seulement de notre côté de la barricade, nous le préparons à cette transformation.

Comme le fait très bien observer, dans son rapport, Compère-Morel, autant isolé, réduit à lui-même, le petit paysan est la proie des intermédiaires, marchands d'engrais, de machines, de semences, etc... autant en se groupant, en se formant en coopératives de crédit agricole, d'achat et de vente, non seulement il peut rendre moins mauvais sa situation, mais sa mentalité se transforme et il arrivera à comprendre et à accepter l'ordre de demain, l'ordre socialiste.

C'est dans cette voie qu'il nous faut le pousser. Mais peut-on aller au delà ? On a fait allusion à des mesures plus vastes qu'il serait possible d'aborder et qui abriteraient alors la petite propriété paysanne, on ne sait pas pour combien de temps.

Eh bien, en admettant qu'elles ne soient pas le dernier mot de l'utopie, et avant de les examiner dans leur détail, ces mesures, je m'en défie quelque peu, je les considère comme plus aptes à éloigner l'échéance libératrice qu'à la rapprocher... (*Approbation.*) Je dis que si vous créez, si vous étiez en mesure de créer un milieu véritablement habitable pour ceux qui possèdent le sol à l'état fragmentaire d'aujourd'hui, vous auriez reculé le moment où, pour la paix et le bonheur de tous ses membres, l'humanité en reprendra possession en bloc. Et dans le calvaire qu'elle est condamnée à monter, notre devoir est d'éviter à cette humanité souffrante une nouvelle et inutile station.

Il n'est pas jusqu'aux coopératives, dont on parlait tout

à l'heure, qui ne puissent éventuellement présenter certains dangers, les petits possédants qui les composent pouvant entrer en conflit avec l'élément plus particulièrement prolétarien qui les entoure. Lorsque, par exemple, des vignerons s'entendent pour mettre en commun leur vin, leurs vignes, voire leurs terres afin d'en tirer un plus grand profit, non seulement la main-d'œuvre agricole restée en dehors de la combinaison n'en retirera aucun avantage, mais rien ne dit que, par endroit au moins, elle ne rencontrera pas dans ces exploiteurs collectifs — et d'autant plus puissants — des conditions plus dures et dont nous serions quelque peu responsables. Ce qui ne doit pas être sans nous préoccuper.

Il est indispensable que le parti socialiste n'oublie jamais qu'il est et doit rester avant tout le parti des sans-propriété — même contre ceux dont la propriété est illusoire et qu'il s'agit, en leur ouvrant les yeux sur leurs véritables intérêts, d'enlever à l'ennemi — et que nous ne sacrifiions en aucune circonstance nos soldats de première ligne, ces prolétaires déjà acquis ou à acquérir qui sont, en même temps que la raison d'être, le moyen de la Révolution sociale (*Applaudissements.*)

En dehors de ces moyens en tous cas qui, s'ils présentent du pour ou du contre, ont pour effet, en désindividualisant le cerveau des paysans propriétaires, de les préparer à la société socialiste, il a été question de mesures plus générales. On a rappelé qu'en Angleterre, où la grande propriété domine, la loi est mise en mouvement depuis quelque temps pour créer, non pas une petite propriété, mais une petite possession pour ainsi dire usufruitière du sol.

Je comprends certes très bien, en dehors de l'explication fournie par Lafargue — de l'intérêt que les landlords ont à se faire exproprier dans la société d'aujourd'hui de terres qui produisent très peu, quand elles produisent quelque chose — je comprends très bien comment, au point de vue de la conservation sociale, en donnant un semblant de satisfaction à quelques-uns, et en dégorgeant le marché du travail, la bourgeoisie libérale anglaise cherche à s'assurer un certain nombre d'années de paix et de jouissance, à mettre une rallonge à] sa survie.

Mais l'avantage pour le prolétariat, pour le socialisme, je ne le vois pas. Ce sont là des mesures qu'on peut prendre contre nous, ce ne sont pas des mesures que nous pouvons demander contre nous-mêmes.

On a dit encore autre chose : on a dit qu'aux betteraviers, indignement exploités par la grande industrie sucrière, on pourrait donner à poursuivre le monopole du sucre par l'État, qu'il y aurait là un allègement... Mais, d'une part, les producteurs de betteraves sont des propriétaires, ce ne sont pas des salariés. C'est, par suite, au secours d'une fraction de la classe nantie que cette réforme serait accomplie. D'autre part, camarades, ce qu'elle coûterait, les centaines de millions qu'exigerait un pareil rachat devraient être prélevés sur les contribuables... (*Approbation sur certains bancs*), sur ces contribuables au premier rang desquels sont les ouvriers écrasés par les impôts indirectes, sans compter le joug accru que le nouveau service prétendu public ferait peser sur la partie des travailleurs passés au service de l'État-patron. (*Applaudissements sur certains bancs.*)

Je n'ignore pas que contre cet État-patron se sont produits depuis quelque temps certains mouvements, que pour ma part je considère comme ayant été très exagérés, tout en permettant d'espérer que, malgré ses conditions spéciales, ce qu'on a appelé le prolétariat administratif rejoindra dans son œuvre d'affranchissement le prolétariat en général.

Mais ce que je sais, c'est que, partout où dans la société actuelle se sont constitués des services dits publics, les travailleurs de ces services ont senti s'appesantir sur eux une servitude alourdie. Je sais que partout, par exemple, où les chemins de fer ont été soit repris par l'État, comme en Italie et en Allemagne, soit créés par l'État, comme en Belgique, les serfs de ces voies ferrées ont été infériorisés dans leurs moyens de défense et d'action par des lois spéciales ; et je me demande, encore une fois, pourquoi et comment, à quel titre et dans quel but, nous irions enlever, à la liberté relative de ses mouvements que lui laisse l'industrie privée une fraction du prolétariat pour la mettre à la double boucle du travail d'État, de l'État à la fois patron et gendarme !

Ce n'est ni sous cette forme, ni à ce prix que le socialisme organisé peut venir au secours de nos frères des campagnes. Ce qui doit dominer et inspirer toute notre propagande, c'est le but qu'elle poursuit : la transformation de l'ordre capitaliste, car tous les éléments matériels de la nouvelle société existent dans la société actuelle. (*Applaudissements.*)

Ce qui manque seul, c'est le facteur humain, c'est la volonté prolétarienne. Aussi nous faut-il mettre, toujours et sans nous lasser, devant les yeux des travailleurs, de ceux des champs comme de ceux des villes, cette société nouvelle de bien-être et de liberté, et leur démontrer qu'elle sera quand ils le voudront. Car jamais on ne me fera croire que l'effort souvent pénible, quelquefois héroïque, que certains espèrent obtenir pour une amélioration d'un millième, on ne l'obtiendra pas pour la libération complète. Notre révolutionnarisme à ce point de vue est cent fois plus pratique qu'un réformisme qui, en réduisant le résultat à poursuivre, réduit nécessairement les raisons d'action pour le prolétariat.

Oui, camarades, nous devons d'autant plus, partout et toujours, conclure à la société nouvelle qui n'attend, pour être, qu'un geste du monde du travail, que tout pousse à la solution socialiste immédiate — sauf les socialistes, allais-je dire. — Est-ce que, quand une grande crise éclate, comme la crise viticole qui fait surgir pour des centaines de milliers d'hommes la misère et la faim de la sur-richesse du sol, de la surabondance des produits, ce n'est pas une grande école socialiste qui s'ouvre pour ces victimes mêmes ? Est-ce que, par suite, notre devoir n'est pas de nous dresser devant le régime capitaliste pour exposer que c'est là son œuvre, son effet nécessaire ; non pas un accident, mais la règle de ce régime, et ne pouvant disparaître qu'avec lui ? Après les vignerons, ce seront les bétaillistes qui seront frappés à leur tour, parce que la surproduction, avec ses conséquences homicides, est la loi de l'ordre actuel. Les tarifs de douane, auxquels on a fait allusion, n'agiront pas dans un autre sens : facteur révolutionnaire, ils précipiteront la surproduction des produits qu'ils tendent à protéger. D'ici cinq ou six ans vous aurez une surproduction de blé en France. Que les tarifs de douane aient permis tout d'abord aux producteurs de blé d'augmenter leurs profits, de vendre plus cher leur blé, c'est entendu ; mais ils vont payer ce supplément de profit d'hier par la mévente de demain, par un abaissement de prix. Et au lieu de tirer de toutes ces leçons de choses, de toutes ces crises qui travaillent pour nous, la conclusion nécessaire et unique : « Il faut en finir avec l'état d'anarchie et de désordre dont nous mourons ; il faut qu'organisés, vous vous empariez du gouvernement, du pouvoir politique pour l'expropriation des voleurs et la remise en possession de l'immense majorité des volés, produisant alors unitairement, dans l'ordre et l'harmonie » ; au lieu de cela, nous éparpillerions nos efforts, les dépensant à l'invention de remèdes locaux, partiels qui ne remédieront, qui ne peuvent remédier à rien ? Oh ! prenons garde qu'avec une pareille politique, ce soit la faillite à terme, mais certaine du socialisme, parce que, au bout de ces prétendues solutions immédiates qui laisseraient subsister tout le problème, ce serait la déception des masses, l'écœurement inévitable. On nous montrerait le poing de toutes parts et ce que disait Hervé se justifierait : après la banqueroute radicale, ce serait la banqueroute socialiste. (*Applaudissements.*)

Telle doit être notre propagande au point de vue agraire : nous devons être aux champs les socialistes que nous sommes à la ville, en nous efforçant même d'être à la ville les socialistes complets que nous n'avons pas toujours été. (*Applaudissements sur certains bancs.*) Il faut nous dire que, de ce côté-là, il doit y avoir une espèce de revision spontanée et autonome de l'action du parti par le parti.

Camarades, je n'abuserai pas davantage de votre temps... (*Voix nombreuses : parlez !*) et de ma fatigue. Merci pour l'attention que vous avez bien voulu m'accorder. (*Applaudissements prolongés, une partie de la salle fait une ovation au citoyen Guesde.*)

# LA COOPÉRATION [1].

JULES GUESDE. — Je voudrais — et je crois que c'est
indispensable pour que nous puissions nous prononcer en
connaissance de cause — je voudrais examiner brièvement
ce qu'est en elle-même la coopération.

La coopération est simplement une des formes de l'association ou un moyen de groupement dans la société
actuelle; quelquefois même elle rentre dans les sociétés
ordinaires par actions, avec cette seule différence que
l'action émise par la coopérative atteint à peine 100 francs,
pendant que les actions des sociétés capitalistes dépassent
500, voire 1.000 francs. Et c'est parce que la coopération
n'est qu'une forme d'association ou de groupement que
vous la voyez préconisée par toutes les opinions et par
toutes les catégories sociales. La coopération a même été
préconisée... comment dirai-je?... contre le socialisme
naissant; ce sont des coopérateurs, même ouvriers, qui se
sont mis au début en travers de l'organisation de classe
du prolétariat. Je me rappelle — pour ne pas remonter
bien loin dans le passé — à ma rentrée de l'exil, en 1876,
l'état d'esprit qui animait le premier Congrès des Syndicats à la salle d'Arras: Les syndiqués d'alors étaient
exclusivement coopérateurs et poussaient le coopératisme,
qu'ils appelaient l'entente entre le capital et le travail, si
loin que dans les réunions publiques, lorsqu'une fraction
du prolétariat était acculée à la lutte sous la forme grève
et qu'on venait à Paris même nous demander des subsides,
c'est-à-dire des munitions pour les frères en bataille, Cha-
bert, pour n'en nommer qu'un, se levait et invoquait contre la
collecte en faveur des travailleurs alors debout de Monceau-

1. Congrès nat. de Paris (1910), extr. du compte rendu *in extenso*.

les-Mines la voie coopérative dans laquelle était entrée depuis quelques années notre classe laborieuse et l'impossibilité où serait cette dernière, sans se mettre en contradiction avec elle-même, de soutenir une grève, même née en dehors d'elle et imposée à ses victimes par la rapacité capitaliste.

Revillon.—C'est trop commode de faire parler des morts!

Jules Guesde. — Je prends à témoin tous nos camarades parisiens, dont aucun ne se lèvera pour me donner un démenti. Ce que je voulais établir, par cette page d'hier, c'est que cette forme d'association, de groupement qu'est la coopération peut servir à toute espèce d'usage et ne vaut, pour nous socialistes, que selon l'usage qu'on en fait. Laissant de côté l'histoire, je m'adresse maintenant tout simplement à ce qui se passe dans un pays voisin. Je prends la Belgique et j'y vois d'admirables coopératives socialistes; mais j'y vois d'autres coopératives, puissantes elles aussi, organisées par le parti clérical, organisées par le parti libéral. Et je demande si cette coopération ainsi mise à toutes les sauces, conservatrice, cléricale, bourgeoise ici, socialiste et révolutionnaire là, ne suffirait pas à démontrer que la coopération en elle-même n'a absolument rien de socialiste. La coopération ou la coopérative devient socialiste lorsqu'on la fait servir à atteindre le but poursuivi par le socialisme, c'est-à-dire la réunion dans les mêmes mains sociales de tous les moyens de production et d'échange, toute réunion en petit du capital et du travail dans les mêmes mains individuelles que représentent les meilleures coopératives étant forcément impuissante, alors que dans d'autres coopératives le capital reste fourni par les uns et le travail par les autres.

La coopération ne vaut donc et ne peut valoir que par l'usage qu'on en fait. Dans la mesure où cette forme de groupement ou d'association sert et appuie le parti socialiste, il est certain qu'elle devient une espèce d'arsenal apportant des armes au prolétariat en lutte. Mais c'est là le sens exclusif de la coopération socialiste. Si la coopération reste autonome, si des ouvriers se réunissent et disent: nous allons rendre notre vie plus facile en approvisionnant nos familles de plus d'éléments de consommation, que nous achèterons en commun, au prix de gros, pour bénéficier de la différence avec le prix de détail, nul doute que ce but ne soit respectable. Je comprends très bien que dans la société actuelle les travailleurs tendent à supprimer le plus de misère possible et cherchent à se donner et à donner aux leurs le plus de satisfactions possibles. Je ne fais pas du tout le procès à ces coopératives-là ; elles sont de droit ouvrier, c'est entendu. Mais je suis obligé de constater, d'un autre côté, que si ce moyen de diminuer leur misère et de rendre leur vie plus supportable était généralisé, au lieu d'être, comme il est, une exception dans le milieu actuel, la conséquence fatale serait que, la vie étant devenue meilleur marché, les salaires, ou n'augmenteraient pas, ou même seraient diminués.

Je sais bien qu'en m'exprimant de la sorte je heurte la manière de voir d'un certain nombre de camarades ; mais ils expliqueront leur manière de voir tout à l'heure, et je les assure que je les écouterai, avec toute la patience que je leur demande. (*Applaudissements.*)

Je répète donc qu'il n'est pas douteux que si la coopérative de consommation était généralisée dans le pays, devenait la règle au lieu d'être un fait isolé, il y aurait deux raisons pour que le lendemain de ces coopératives fût ou une stagnation ou une diminution des salaires. La première raison, celle que Lafargue a invoquée, c'est que les patrons ont été les premiers à employer ce moyen : les Compagnies de chemins de fer, les grands industriels ont eu recours à des coopératives, sorties de leur initiative, pour ne pas augmenter le salaire de leur personnel, en lui disant : vous pouvez très bien vivre avec le prix de la vie ainsi réduit. C'est une première preuve, celle-là. Mais il y en a un autre ; c'est que partout, sur tous les points du territoire, il est loisible de constater que les salaires sont plus hauts là où la vie est plus chère, et plus bas là où la vie est meilleur marché. Pourquoi les salaires sont-ils plus élevés à Paris que dans les campagnes normandes ou du centre de la France ? C'est parce qu'à Paris, grâce à l'octroi, la vie est plus chère, et personne ne saurait nier que la cherté ou le bon marché de la vie influe sur le taux des salaires. Il ne s'agit pas de la loi d'airain de Lassalle, que je laisse de côté ; il s'agit purement et simplement d'un fait général qui est à la portée de tous ceux qui ont des yeux pour voir.

J'arrive à une troisième preuve à l'appui de ma thèse. Est-ce que dans la résolution de la majorité de là Seine, on ne vous dit pas, en toutes lettres : nous voulons en finir par la coopération avec le parasitisme commercial. Eh bien ! ce que vous appelez le parasitisme commercial est représenté en France par un million ou douze cent mille petits commerçants. Ils vivent, tant bien que mal et aux dépens des consommateurs ouvriers, de leurs boutiques, c'est entendu ; mais, les boutiques fermées, il faudra bien qu'ils continuent à vivre. Et ce sera alors un million ou douze cent mille prolétaires nouveaux que la faim va verser sur le marché du travail, et quelle sera la conséquence de ces douze cent mille sans-travail nouveaux, venant s'ajouter aux sans-travail déjà existants ? Est-ce que cette nouvelle armée de réserve n'entraînera pas forcément des salaires diminués ? Est-ce que le patronat, ayant à sa porte plus d'ouvriers qu'il n'en a besoin, ne rognera pas le salaire de ceux qui sont occupés dans ses usines ? Allons donc, camarades !

Si la coopérative était étendue à tout le pays, les salaires seraient fatalement abaissés sur certains points.

Voulez-vous un autre exemple, d'aujourd'hui et non plus de demain ? Quel est le pays occidental — et je suis persuadé qu'aucun de ceux qui appartiennent à ce pays et qui peuvent être ici ne me démentiront et ne me reprocheront de l'invoquer en cette circonstance — quel est le pays voisin dont les travailleurs passent en grand nombre la frontière et viennent travailler dans notre France du Nord, soit d'une manière fixe, soit d'une manière intermittente ? N'est-ce pas la Belgique et ne sont-ce pas nos camarades belges ? Et pourquoi donc émigrent-ils ainsi ? Mais parce que c'est en Belgique que les salaires sont les plus bas et, s'ils sont les plus bas, c'est que la Belgique est inondée de coopératives de toutes les couleurs. (*Applaudissements et interruptions.*)

Il y a encore une autre raison pour laquelle la coopération ne saurait avoir de valeur socialiste. Je sais bien que moi-même, quand j'ai tenté de faire pénétrer la lumière dans les cerveaux bourgeois, qu'à la Chambre des députés, quand ils ne voulaient pas comprendre qu'une société nouvelle, que notre société socialiste pût se substituer à la société capitaliste dont elle est la fille naturelle et légitime à la fois, j'ai été obligé, pour essayer d'ouvrir les yeux, de faire des comparaisons — qui ne sont pas toujours des raisons. Je leur ai signalé la coopération comme pouvant leur donner une idée de ce que serait la société de demain, et je prenais les coopératives, non pas telles qu'elles fonctionnent, mais telles qu'elles devraient être par définition, et je leur disais : voyez, dans les coopératives de production, comment le capital et le travail réunis dans les mêmes mains suppriment toute exploitation ; voyez, dans les coopératives de consommation, l'antagonisme supprimé entre le vendeur et le consommateur, qui ne font qu'un, et le profit disparu de l'un sur l'autre.

Il s'agissait de leur faire entrevoir, à travers une coopérative idéale, ce que serait et ce que sera une société dans laquelle ni la production, ni la distribution des produits ne donneront lieu à profit ou à exploitation. Mais c'était vouloir ouvrir les yeux à des aveugles et vouloir me faire entendre par des sourds. (*Rires.*)

Actuellement, en tout cas, nos coopératives ne rentrent nullement dans cet ordre d'idées. Presque toutes sont obligées, par le milieu capitaliste, à faire du capitalisme, car, au lieu de distribuer à leurs membres, au prix coûtant, elles vendent, et sont de plus en plus contraintes de vendre à des tiers, en vue d'un profit. L'antagonisme, que la coopération devait faire disparaître entre vendeurs et acheteurs, continue à subsister. Qu'il y ait des exceptions, soit. Mais, en général, vous êtes de plus en plus condamnés, par un milieu basé sur la concurrence, à chercher des moyens d'existence et de développement en dehors de la distribution des produits ; vous êtes amené à vendre au public, à réaliser des bénéfices, à faire du commerce, en un mot, n'étant plus ainsi que de nouveaux grands magasins, constitués par de petits actionnaires ouvriers, au lieu bourgeois de grands magasins constitués par de gros actionnaires.

Telle est la réalité. Il ne s'agit pas de s'illusionner et de s'emballer ; voilà ce qu'est et ce que sera de plus en plus la coopération, qu'on voudrait nous donner pour le Socialisme qui vient. S'imaginer qu'il puisse en être autrement dans la société actuelle, ce serait rentrer dans l'utopie d'autrefois, représentée par Fourier et son phalanstère, ou Cabet et son Icarie. Prétendre faire autre chose que du capitalisme dans la société capitaliste est véritablement inouï ! Ce sont les lois générales, sorties de la forme de propriété, qui s'imposent, et auxquelles ne sauraient échapper ceux qui veulent créer des oasis dans le désert ; l'oasis est balayée par le simoun comme le désert lui-même. Et l'oasis, ici, c'est la coopérative, obligée de se plier aux fins commerciales ou marchandes. Je sais bien que vous remédiez en partie à ce mal en confédérant vos sociétés, et je vous approuve d'être entrés dans cette voie et d'y persévérer ; mais, encore une fois, quoi que vous fassiez sur le terrain coopératif, vous n'empêcherez pas que vous ne soyiez régis par toutes les lois qui déterminent et règlent la production et l'échange dans la société à profits d'aujourd'hui.

Par conséquent, je le répète, impossible de reconnaître une valeur socialiste à la coopération en elle-même, qui ne prépare même pas les éléments de la société nouvelle, préparés qu'ils sont depuis longtemps, comme matériel et comme personnel, par la concentration capitaliste qui l'a précédée de beaucoup et dans des proportions que n'atteindra jamais la coopération. C'est parce que, précisément, grâce à cette concentration capitaliste, tout le travail est aujourd'hui (d'administration, de direction, d'exécution, le travail le plus scientifique, comme le plus manuel) exécuté par des salariés, que nous pouvons passer du jour au lendemain, sans choc, de l'ordre actuel à l'ordre nouveau. Tout est prêt pour cette transformation ou révolution, parce que la propriété nominale des capitalistes d'aujourd'hui ne représente aucune espèce de travail, même directif, et qu'elle peut disparaître demain sans que rien soit touché ou entamé dans le fonctionnement des différents genres de travail, usines, champs, chemins de fer, magasins.

Voilà ce qui fait plus que permettre, ce qui nécessite l'ordre collectiviste. La coopérative n'y est pour rien, et quand j'entendais ce matin notre ami Poisson dire : mais, si demain vous étiez les maîtres du gouvernement avant que les coopératives aient couvert le pays, comment feriez-vous pour instaurer la société nouvelle? je pensais que le camarade Poisson se créait des cauchemards inutiles. Nous pouvons, le pouvoir conquis, réaliser tout le socialisme, ce qu'en Amérique on a appelé *the cooperative commonwealth* (la communauté coopérative), parce que la coopération n'est pas un moyen, mais le but du prolétariat triomphant et réunissant dans les mains de la société tout entière tout le capital et tout le travail, de façon à ce qu'il n'y ait plus ni exploitation, ni vente, ni profit. La coopération, dis-je, n'est pas le moyen — ou elle ne peut être qu'un des moyens — si les coopératives apportent leur concours au Socialisme militant. Oui, les coopératives ne valent que pour battre monnaie, pour fournir des armes et des munitions au parti de la classe ouvrière. Ce n'est pas le parti qui doit aider les coopératives, ce sont les coopératives qui ont le devoir strict de soutenir matériellement le parti, de toutes leurs forces.

« La coopérative auxiliaire du parti », c'est ainsi que nous avons toujours conçu le problème, et c'est ainsi que toujours nous avons travaillé à sa solution. Et puisqu'on parlait ce matin avec une sorte de mépris de nos campagnes d'alors, nous comparant à des chasseurs de miroir aux alouettes, je répondrai que nous n'avons jamais rien fait miroiter aux yeux des travailleurs qui ne fût de bonnes et vivantes réalités. C'est nous, les socialistes, qui avons, dans le Nord, pris l'initiative du mouvement coopératif ; c'est moi qui, avec Camelinat et un camarade élu des Bouches-du-Rhône, en 1885, suis allé à Roubaix créer la première coopérative socialiste, l'*Avenir du Parti ouvrier*. Non pas qu'il n'existât déjà d'autres coopératives, mais patronales ou cléricales, celles-là. Et on y éteignait tout esprit de classe chez les ouvriers qui en faisaient partie, et qui n'y trouvaient qu'un avantage matériel pour eux et leurs familles. Nous leur avons dit : venez à la coopérative socialiste, qui ne sera pas seulement pour vous un magasin à meilleur marché, mais de la poudre et des balles pour vos luttes de tous les jours, grèves ou élections, vous fournissant de la sorte un nouveau moyen d'affranchissement. Et rappelant cette vieille parole d'Ésope : « La langue, c'est à la fois ce qu'il y a de meilleur, et ce

qu'il y a de pire », je disais : la coopérative, c'est ce qu'il
y a de pire, si elle tend seulement à abaisser le prix de la
vie, au bénéfice du patronat ; mais c'est ce qu'il y a de
meilleur, si elle doit constituer autant de citadelles pour
le parti et lui apporter des ressources nouvelles pour la
bataille en vue de la libération finale.(*Applaudissements.*)

Voilà, camarades, ce qui nous distingue d'autres camarades pensant différemment. Mais j'ajoute que si on nous
démontrait que nous avons tort, que la coopération en soi
est le socialisme en marche.. oh ! combien de choses
jusqu'à présent ont représenté le socialisme en marche,
qui n'étaient simplement qu'une façon de le faire oublier
aux travailleurs, alors qu'en dehors de lui, ils n'ont rien
à espérer ! Oui, si l'on me démontrait qu'il y a là réelle-
ment un embryon qui ne demande qu'à être développé,
la société de demain en germe dans la société d'aujour-
d'hui, il est certain que je renoncerais à mes angoisses
pour saluer à l'horizon la lumière nouvelle apportée au
prolétariat.Mais, jusqu'à présent,on ne m'a jamais opposé
un seul argument. Et force m'est alors de redire que la
coopérative telle qu'elle fonctionne actuellement n'a rien
de commun avec le Socialisme; que si elle ne contribue
pas de ses deniers aux luttes que la classe ouvrière est
appelée à soutenir, elle peut être et est le plus souvent
une diversion, si ce n'est pas un obstacle au recrutement
et au développement socialistes : une diversion, parce
que — vous ne sauriez le nier — quand des travailleurs d'élite consacrant leur intelligence à une coopérative, qu'ils n'ont en tête que des opérations commerciales (comment lui amener une clientèle, comment en
assurer la prospérité et le développement), il n'y a ni
place, dans ces cerveaux ainsi occupés, pour l'idée socialiste, ni temps pour l'éducation socialiste des masses,
auxquelles on ne répétera jamais assez qu'il n'y a qu'un
moyen de s'affranchir : c'est en prenant le pouvoir politique, et, en reprenant, à l'aide de ce pouvoir, la propriété
capitaliste, industrielle et commerciale. Comme je l'écrivais
un jour, la moutarde coopérative à débiter absorbe les
meilleurs, ceux qui pourraient rendre à la propagande des
services incalculables et qui,enfermés,confisqués,paralysés

par une œuvre nécessairement commerciale, deviennent au contraire des pertes sèches pour le prolétariat aux luttes duquel ils ont été arrachés. (*Applaud.*) Camarades, dans le domaine industriel ou usinier, la coopération n'apporte rien au mouvement socialiste que les fonds qu'elle peut verser, quand ce sont des coopératives socialistes.

Mais il est un autre domaine, où la coopération peut jouer un grand et utile rôle : c'est celui des campagnes. Ah! l'idée socialiste, l'idée d'une société possédant ses moyens de production, les mettant en valeur socialement, et répartissant entre tous ses membres les produits du travail commun, dans les villes industrielles, c'est l'usine qui se charge d'inculquer cette idée libératrice aux travailleurs, c'est l'usine, avec le travail en commun, qui dresse devant les cerveaux ouvriers la nécessité de la société collectiviste ou communiste. Pas besoin, par suite, de l'école de la coopération : le communisme de l'atelier suffit. Mais dans les campagnes, c'est autre chose ; là, nous avons des petits propriétaires dispersés, cultivant individuellement leur lopin de terre, qui sont bien exploités sous des formes diverses par le capitalisme, mais qu'aucune action ou association commune ne relie, ne soude les uns aux autres. La coopération se présente pour créer ce lien, cet intérêt commun. Une coopérative qui réunit 5oo vignerons, les sort de leur individualisme, les initie au travail en commun, leur apprend la solidarité ; elle ne prépare pas, comme quelques-uns l'ont prétendu, la coopération ou la socialisation du sol, qui sera l'œuvre de la société nouvelle ; non, mais elle prépare le cerveau autrefois individualiste du paysan à cette société dans laquelle l'individualisme de la propriété aura pu disparaître. (*Applaudissements.*) La coopération a ici une portée véritablement socialiste, parce qu'elle a une portée d'éducation. Mais n'alléguez pas que, dans les villes, elle aurait une portée du même genre, ou je vous répéterai que c'est l'usine, l'exploitation en commun, qui en créant des collectivités ouvrières est la meilleure école de collectivisme, en leur montrant la société collectiviste non seulement possible, mais nécessaire à la libération humaine.

Si je me suis aussi étendu, c'est qu'il m'a paru indispensable, si souffrant que je sois, que certaines choses soient dites. Mais je termine, et voici ma conclusion :

Des coopératives présentes, ou elles ont été pénétrées par les socialistes, ou elles ont été fondées par eux. Dans celles où ils ont pénétré, ils doivent faire prévaloir l'idée, le parti qu'ils représentent. Dans celles qu'ils ont fondées, ils doivent porter à son maximum la collaboration matérielle donnée à l'idée et au parti. J'espère, en tout cas, qu'il ne se trouvera pas dans ce Congrès un seul camarade pour reprocher aux coopératives du Nord de s'être mises comme elles l'ont fait au service du Socialisme ! Ce serait trop épouvantable que des socialistes fissent écho, contre nos coopératives, avec nos pires ennemis patronaux ! Ce que ne leur pardonnent pas les Motte et autres grands patrons du Nord, ce qu'ils leur jettent à la face, comme une injure, c'est d'être *les vaches à lait des révolutionnaires !* Et vous reprendriez ce langage, ici ! (*Applaudissements.*) Non, vous ne voudrez pas désarmer les nôtres là-bas, de concert et avec les armes des piliers du patronat. Vous laisserez les coopérateurs du Nord continuer à faire leur devoir de socialistes. Si vous saviez comme c'est beau dans les réunions générales, où l'homme, la femme et l'enfant sont là ! ils ne viennent pas seulement pour un trop-perçu à toucher, ils viennent pour connaître l'usage qui aura été fait de la part de ce trop-perçu qu'ils ont abandonné au parti, à l'avenir collectiviste, à l'affranchissement général de l'humanité ! Il faudrait que vous puissiez assister à une séance générale de l'Union de Lille, par exemple ; je vous affirme qu'alors l'on n'entendrait pas sortir de la bouche d'un seul de nos orateurs des paroles comme celles que j'ai eu la douleur d'entendre ce matin, visant précisément ces coopératives du Nord qui sont à la tête, ne l'oubliez pas, de tout le mouvement coopératif français. Est-ce que vous avez à Paris des coopératives comme les nôtres, pourvoyant à toutes les batailles, avec leurs caisses de grève, de chômage, etc ? Je suis très heureux de saluer les coopératives de la Seine, mais n'oubliez pas que ce sont vos aînées de là-bas qui vous ont donné l'exemple, que vous devriez bien suivre jusqu'au bout. (*Appl.*)

# TABLE DES MATIÈRES


|  | Pages |
|---|---|
| Avant-Propos | 1 |
| Le Réformisme bourgeois | 3 |
| Les Syndicats et le parti socialiste | 8 |
| Encore les Syndicats | 20 |
| L'Antimilitarisme et la Guerre | 39 |
| Encore l'Antimilitarisme | 47 |
| La Question agraire | 61 |
| La Coopération | 71 |



Imp. de la librairie V. Giard et E. Brière, 16, rue Soufflot, Paris.